书山有路勤为径,优质资源伴你行
注册世纪波学院会员,享精品图书增值服务

[美] 詹姆斯·M. 库泽斯（James M. Kouzes）著
巴里·Z. 波斯纳（Barry Z. Posner）

徐中 佛影 译　　杨斌 审校

# 非职领导
## 人人都有领导力

Everyday
People,
Extraordinary
Leadership

How to
Make a Difference
Regardless of Your
Title, Role, or Authority

电子工业出版社
Publishing House of Electronics Industry
北京·BEIJING

Everyday People, Extraordinary Leadership: How to Make a Difference Regardless of Your Title, Role, or Authority by James M. Kouzes, Barry Z. Posner
ISBN: 9781119687016 / 1119687012
Copyright © 2021 by James M. Kouzes and Barry Z. Posner.
Simplified Chinese translation edition copyright © 2022 by Publishing House of Electronics Industry.
All rights reserved. This translation published under license.
Copies of this book sold without a Wiley sticker on the cover are unauthorized and illegal.

本书简体中文字版经由 John Wiley & Sons, Inc.授权电子工业出版社独家出版发行。未经书面许可，不得以任何方式抄袭、复制或节录本书中的任何内容。

本书封底贴有 Wiley 防伪标签，无标签者不得销售。

版权贸易合同登记号　图字：01-2021-2037

图书在版编目（CIP）数据

非职领导：人人都有领导力 /（美）詹姆斯·M.库泽斯（James M. Kouzes），（美）巴里·Z.波斯纳（Barry Z. Posner）著；徐中，佛影译. —北京：电子工业出版社，2022.3
书名原文：Everyday People, Extraordinary Leadership :How to Make a Difference Regardless of Your Title, Role, or Authority
ISBN 978-7-121-42690-2

Ⅰ.①非… Ⅱ.①詹… ②巴… ③徐… ④佛… Ⅲ.①领导学 Ⅳ.①C933

中国版本图书馆 CIP 数据核字（2022）第 028848 号

责任编辑：刘淑敏
印　　刷：涿州市般润文化传播有限公司
装　　订：涿州市般润文化传播有限公司
出版发行：电子工业出版社
　　　　　北京市海淀区万寿路 173 信箱　邮编 100036
开　　本：720×1000　1/16　印张：14　字数：195 千字
版　　次：2022 年 3 月第 1 版
印　　次：2022 年 10 月第 3 次印刷
定　　价：79.00 元

凡所购买电子工业出版社图书有缺损问题，请向购买书店调换。若书店售缺，请与本社发行部联系，联系及邮购电话：（010）88254888，88258888。

质量投诉请发邮件至 zlts@phei.com.cn，盗版侵权举报请发邮件至 dbqq@phei.com.cn。
本书咨询联系方式：（010）88254199，sjb@phei.com.cn。

# 好评如潮

"想要知道如何激励员工吗？"请读本书。本书将证明，让人们追随你的领导并不像按开关那样简单。你需要触及他们的心灵和思想。语言固然重要，但更重要的是你的行动。詹姆斯和巴里是领导力领域最优秀的思想家（和实干家）。每次走进办公室，我都会看他们的领导力书籍。之前读过他们的书的年轻人，今天正在领导着自己的组织。现在，本书出版了，也很适合他们。我们的时代充满挑战，领导力比以往任何时候都更重要。阅读本书，你会收获一些新的思想，这些思想将会激活你的领导力，并激励他人追随你的领导。

——约翰·巴尔多尼，马歇尔·戈德史密斯100名教练成员，
全球领导力大师30强之一，著有14本书，
包括 *GRACE: A Leader's Guide to a Better Us*

"振奋人心、见解深刻、实用、有力！"本书中的故事和案例阐明了什么是领导力，为什么领导力很重要，以及每个人如何能够（而且应该）拥有领导力。谢谢詹姆斯和巴里，谢谢你们带给我这么珍贵的礼物！

——德比·卡尔弗特，People First Productivity Solutions 公司总裁，
*Stop Selling and Start Leading* 合著者

在第一次阅读詹姆斯和巴里的《领导力》一书时，我有了这样一个想法："通往未来的道路还没有铺好。"本书是他们令人称道的系列著作的最新一部，为读者提供了一条通往未来的清晰道路，明确定义了领导之旅风景线和潜在的障碍。本书具有时代性、及时性，并强调了领导力是每个人的事。

——艾伦·莱姆，LISW，领越领导力高级认证导师，
MINT 认证的 MI 培训师

当今世界比以往任何时候都更需要强有力的领导，詹姆斯和巴里向我们展示了领导者如何通过他们的团队、组织和社区成就非凡。詹姆斯和巴里在他们最新的书中，围绕卓越领导的五种习惯行为，为我们提供了精彩的领导力故事和经历。对于任何想要对所服务的人产生积极影响的领导者来说，这都是一本必读的书。

——布伦特·康德里茨，代顿大学领导力中心执行主任

当本地社区面临独特的挑战，如社会动荡、灾难性的天气，以及对真相和理解的需求时，作为一家地方新闻机构，Scripps 公司挑战自我，通过重要的新闻报道和有意义的故事，与观众建立起了一种真实的联系。《领导力》一书为我们公司提供了一个讨论框架，帮助我们实现管理变革。现在，詹姆斯和巴里更进一步，他们提出在组织的各个层级都有领导者，成为领导者不需要职务。

——布莱恩·劳勒，E.W. Scripps 公司 Local Media 总裁

在最需要影响力的时候，詹姆斯和巴里为我们提供了一个路线图，让我们每个人都能做到最好。我们知道领导不是一个职务，而是关于影响和赋能他人的行为艺术。在我的工作中，真正的一对一的领导发生在每位护理人员和患者之间。在 30 多年的研究中，詹姆斯和巴里教会我

们一种实用而又深刻的方式，让我们行动起来，在平凡的岗位创造非凡，让我们无论在哪里，都可以通过对他人的语言、行动和行为来改变这个世界。

——罗莉·阿姆斯特朗，首席执行官兼首席临床官，
德雷克塞尔大学兼职教授

詹姆斯和巴里每天都在帮助全球数百万人成长和进行领导。他们的最新著作将他们的开创性工作提升到了一个新的层次，根据他们几十年的经历和研究提供了基于数据的、非常实用的指导。无论是职场新人，还是经历丰富的高管，你都需要学习卓越领导的核心原则，它真正适用于每个人！读本书——你会加速成长。

——安·赫尔曼·乐蒂，Herrmann Inc.董事会主席

当今，领导力比以往任何时候都更重要（这是近年来我们经常听到的一句话）。詹姆斯和巴里的新书阐明了一个既永恒又现时的主题。这是一本给领导者看的书，也包括你，因为不管你知不知道，不管你的职位或职务如何，你都已经在领导了。本书将帮助你有意识地去做，从而做得更好。而这正是我们需要的——现在比以往任何时候都更需要。

——史蒂夫·法伯，The Extreme Leadership Institute 创始人，
*The Radical Leap, Greater Than Yourself,*
and *Love Is Just Damn Good Business* 作者

"詹姆斯和巴里又一次做到了！"他们的这本新书在他们早期著作《领导力》的基础上进行了扩展。他们不仅带来了实证研究，而且带来了领导品质和实践的真实生活实例，这些领导品质和实践是平凡人用来成就非凡的。

——路易丝·阿亚普尔，
圣克拉拉县天主教慈善机构的首席财务官

## 非职领导：人人都有领导力

我成长于20世纪60年代末和70年代，努力阅读了所有我能读到的关于领导力的书，设定目标，观察他人，并列出优秀领导者所表现出的品质。我读了很多书来学习这些行动步骤。我会挑战自我，争取他人的支持，并刻意练习。我对不断学习和训练的执着使得一切都变得不同。我真希望那时候我有这本书。本书真的简化了这个学习过程，我花了10年的时间才最终对自己的领导力感到自信。我本可以把这个"路线图"写在这本书里。我祝贺詹姆斯和巴里又出了一本伟大的领导力书籍。

——德怀特·科诺菲尔，西北金融公司董事长

"詹姆斯和巴里又出版新书了！"他们在提醒我们，无论扮演什么角色，每个人都有能力在他们的生活、工作和社区中发挥重要的领导力。他们的研究表明，并不是个性或魅力而是一系列特定的可衡量和可复制的行为造就了领导者。然后，他们提供了我们所有人都可以实践的练习方法来强化领导力。这是一本实用又能激发人的领导力指南！

——达雷尔·埃武拉，Uplift Family Services公司首席执行官

本书完美地诠释了詹姆斯和巴里的观点："领导力是每个人的事。"这是一种简单而深刻的典范领导，适用于所有人，无论你的职务、职位或权力如何。

为了证明这一点，让我给你展示一下过去的老火车（我们称之为绿皮列车）和现在在中国运行的子弹头列车（高铁）的区别。老火车在前面有一个引擎，它拖着所有的车厢。这就是速度很慢的原因。

然而，对于子弹头列车（高铁）来说，每节车厢都有自己的引擎，并且车厢会一起工作。因此，高铁超级快。与组织领导力类似，如果只有一个领导者担任领导角色，他就很难领导。然而，如果每个人都被点燃、被激活、被赋予权力，那么平凡人都可以成就非凡，可以启动自己

的引擎，并承担个人责任。这种影响将是巨大的——每个人都将负责和参与，团队士气将得到提升，公司的财务业绩将得到改善。根据典范领导的刻意练习，任何人都可以成为非凡的领导者，并在任何时间和任何地点做出改变。

——康妮·史蒂文斯，上海思瀚商务咨询有限公司创始人

詹姆斯和巴里展现了一种全新的领导力愿景，不局限于名义上的领导者或特定的管理者群体，而是我们所有人。本书通过五种每个人都可以在工作或日常生活中学习和使用的领导行为来指导我们。所有的实践都是通过仔细收集的数据和难忘的案例来证明的。

对我来说，作为一个主要在虚拟团队中工作的人，我必须领导那些不直接向我汇报的人，甚至是管理水平更高的人，非职领导力的五种习惯行为为我与团队成员的成功协作提供了易于应用的方法。谢谢你！

——亚历克斯·席勒，美光科技高级全球客户经理

# 推荐序
## 平常人日常事皆可实践的领导力

杨 斌

（清华大学经济管理学院教授，领导力研究中心主任）

这本书从书名到开篇，两位领导力领域的扛鼎者都在反复强调一个十分重要而常遭误解的看法，那就是——领导力与"当领导"不是同一回事；"当领导"的人是少数，而领导力跟每个人都相关，值得并能够被每个人拥有。这可不是什么多余的、场面上的话，而是需要持续地往每个人心里讲的真道理——怎么多讲，也不够。

中文世界中导致这个误解的原因之一是望文生义。"领导"二字在中文里，通常指的就是具有某种职务、头衔、权威的人，称呼"领导"专指的是上级，泛泛而言的"领导"则要么是官员，要么是老板、高管，皆为在一个等级组织（或社会）中的居上位者。但其实在中文之外，错误地认为"领导力"只能在这些被称作"领导"的人身上体现，才用得着；对应地，领导力这本事普通老百姓是没有的，也用不上；这个看法，也挺多见，贻害也大，这构成作者撰写本书的主要动力。

要说这种对"领导力"本质和价值的误解有多普遍，我常想起一件旧事，是在20多年前，差不多是本书的译者之一徐中老师报考清华MBA的时候，有个当时在国内还挺新颖的要求，请每位申请人面试前提交几篇短文，其中一篇特别要求申请者讲述一个自己身上的领导力故事。

印象中当时的很多申请者抱怨这个要求无法完成，强烈要求学校换个题目——原因很直接，自己是个业务人员或者是工程师，从没有当过部门管理者更别说单位的领导，因此没法写有关自己的领导力的故事。那时候国内领导力的书籍、课程都极少，这些抱怨反映出大家把领导力误解为"当领导"也不算太奇怪，而到了今天虽然貌似领导力的课程培训很多了，但是把领导力跟居上位者的职权画上等号的错误理解（注意这可不是狭隘理解）仍然大行其道，非常需要"祛魅"。

"领导力祛魅"，必要并重要。其含义很丰富，并不只是像这本书这样，把领导行为、领导作用，与某些具体角色和因为层级而拥有的权力、权威区分开——这当然重要，强调突出领导力的非职特征，但还不够。在我看来，人们对待领导力问题，常常存在四"魅"——**神秘化、专属化、传奇化与天赋化**，都阻隔着领导力走进普通人的日常生活，妨碍领导力成为帮到每个人获得突破和取得进步的基础性本领。"祛魅"的重要价值之一，就是帮助普通人更有信心地为自己赋能。

人们经常把英文的"Leader"翻译为"领袖"（极为有害、加深误解的一个翻译）或"领导者"，把"Leadership"翻译成"领导力"（我一直都认为"之道"比"力"更贴切，涵盖内在和隐性），并与正式的机构、等级制组织相关联。其实，人人（未必是组织中的，更不必是组织高管）都可能是不同情境下的领导者，而"领导力"本身（或者"领导之道"）与职务、头衔并无必然关联。领导力也不是一种神秘的说不清道不明的秘诀、奇招，也并不发生在某些机缘巧合、力挽狂澜的节骨

## 非职领导：人人都有领导力

眼上，多数时候没有那么戏剧性也大多不会传为佳话，并非一群生来魅力超凡的人的特权，或少数幸运儿基因中注定的特质。

说了这么多"领导力不是什么"，那么它到底是什么？

领导力是一组每个人都可以通过练习而掌握的行为和实践，事实上，正在读这本书的你，我可以笃定地说，你早就无数次地发挥过自己的某些领导力，作用在你的日常生活和工作中并颇为有效，只是你自己没有从这个角度去认识和总结，并让它们更加自觉、更经常发生。最常遇到的一种情形就是，你让他人和你一起去完成某事，这个"让"的行为中靠的不是强迫或者命令，而最后他的感受可能是还希望将来再有机会跟你一起做事，或者你们之间产生某种信任与可扩展的关系，或者他以与你一道做成了事而荣光，等等。因此，恭喜你，你在发挥领导力，你的领导力还蛮有效。

至于你行动中所用到的方法，如果趁热打铁就地复盘，会有很大的可能与本书所细细拆解的典范领导的五种习惯行为在某种程度上相吻合。所以，现在你需要做的是通过阅读这本书，系统地梳理，并更加有意有效为之，并在练习（就是具体的工作和生活实践中的具体运用）中不断提高。再说明一下，这些行动不需要你的特质符合某种类型，也不囿于你的教育背景和工作岗位，是有相当普适性的。

书名中的"非职"，就是强调领导力与职务无关，而是每个人都（在某种程度上）具备并都能用到，也因此能帮到每个人和其他人的事情。在现实生活中，即使一个普通人，也有机会发挥领导作用。比如，当几个人同时被困在电梯里或是迷了路，其中某个人站出来激励并组织其他人有效应对困境时，他自然就成了这个"非职情境"下的领导者，并不需要哪个组织机构来任命他。在大学宿舍、社团组织包括家庭等许多情况中，从"非职"角度来认识的领导力是个必需品、基本功，因为大家不需要依赖一个具有权威或头衔的领导,却很需要能够发挥自己所具有的领导力或者领导潜力的人。

所以,我经常向青年学生鼓动说,大学校园其实是锻炼提升领导力的绝佳场合,因为校园生活、学生群体多是平层结构,这里没有走向职场后的很多头衔、资源。要想做成事儿,就经常需要靠各式各样的自觉或激发出来的领导力来实现突破。即便在尝试中犯了错,大家的包容度也相对比较高,所以在大学(也包括中小学)阶段的青少年,真的可以把通过服务大家来提升领导力作为一个重要的目标。我熟悉的一个学校在历史上和当下都出了很多各行各业的"有为领导"(未见得是"有位领导",或者说并不以"位"来衡量"为"),绝不是因为这个学校早早就开了好多领导力的课程,而是因为她提倡"双肩挑",重视集体、各类社团和社会实践,提供了年轻人投身服务他人来培养领导力的极好土壤。不夸张地讲,课程表之外的生活、实践、挑战,作为"非职情境",都可能是最生动、最有效的领导力培养项目(Leadership Development Program)。

说到"非职情境",过去在教课时,我常使用经典电影《十二怒汉》来作为领导力分析研讨的素材,学习者看到被临时组织起来的陪审员所组成的典型"非职情境",就会探讨,是否生活中、工作中还有许多这样的情境?当然还有很多,比如大众旅行团,或是成年人的兴趣社团,更不要说住在一起的邻居社群、共同创新攻关的科研团队成员、初创企业的小伙伴们、社会公益组织中的志愿者等。需要认真厘清的一点是,非职领导力并非只发生在"非职情境"中,事实上,它更大量地、更主要地发生在职务、头衔和层级存在并大行其道的组织中;当你并非依赖、通过这些职务、头衔和权威来发挥领导作用并取得人际与组织成效时,那就是非职领导力在闪光了——所谓,是不为也,非不能也(不是不能借助职权，而是有意不借助职权）①。

从这一点出发，本书的读者可以是也应该是很广的，几乎可以说是所有希望理解和提升领导力的人。大部分领导力书籍主要针对的是商业组织或者政府组织中各个层次的管理者（在"上架指引"时，领导力的书籍常被放入工商管理的类别中），在现实中有很多组织与领导力困惑的他们，经常通过阅读领导力书籍而收获启发。这本书同样有益于这些"有职务"的领导者，不要因为书名中的"非职"二字而却步，事实上，非职领导力对于组织中有职务者的提升，不仅是理念和能力层面上的，还是伦理和价值观维度上的——运用职权而达到目的，都有着一定程度的组织机器化、成员工具化的"非人"倾向②，而非职领导力则高度契合我所定义的"向善领导"的核心特征——"**让人更是人，让组织更向上，让社会更前进，让这些变化更有机地发生**"，"**通过领导而获得人和组织的解放**"。

这本书不应该只是捧"读"，要想让这本书真能发挥作用，你需要把它当作一本操练手册，应用到自己的生活和工作中，练习的同时再来对照典范领导者的五种习惯行为，有针对性地学和练。书中一个非常基本的立场是，尽管典范领导者的五种习惯行为有其共性，但具体到每个人的方式、风格、细节、手法却各自不同，不仅因人而异，也因情境而

---

① 写作《谦逊地教学》一文的出发点之一，于我就是在不断反思，教师的力量变换（power shift）的问题，多一些"非职领导力"的发挥，少一些教师的天然职权的直给，正是以平等谦逊地教学促进学习者的创新动力和持续发展的关键所在。

② 从伯恩斯 1978 年的著作开始，许多人都接受了交易型领导与变革型领导的区分，一方面要意识到交易型领导行为的大量存在和有效，另一方面也要思考它可能产生的副作用。例如，父母"使动"小孩子时常以"道理说不通"为理由而直接采用带有"贿赂"或者"胁迫"的方式达到目的，一时奏效却可能带来一生负面影响，不可不察。

变。操练的过程，也是将典范共性与具体实际相结合的过程，这才会有对典范更透彻的理解和对自身更深刻的洞察。在某种意义上，你用这本书的过程，就是跟作者一起合写一本新的《非职领导》。

"领导力祛魅"就是要去除炫目的光环，跳出精英专属小圈子，摆脱"王侯将相有种"预设，让普通你我更能建立起自信，更加敢于在日常实践中行动探索，不追求所谓的完美，更追求贡献与进步，拥抱"千疮百孔的管理实践"和"也无风雨也无晴"的平凡生活，求真、自强而后与共、利他。

非职而立人，是真领导力。

# 译者序
## 领导不是"位"而是"为"

2021年9月的一天,我应邀到中金公司总部进行"变革领导力"的讲座,期间,中金公司CEO黄朝晖先生做了一个重要的动员讲话,他谈道"人人都有领导力;Lead by Example;Leadership is not position, but action"等新颖的领导理念,要求中金公司无论是有职务的经理人员,还是投行专家、一线职员都要培养领导力、发挥领导力,要"有为"而非"有位"。之后,中金公司专门举办了"人人都有领导力训练营"来推广和普及领导力。

咋一听,"人人都有领导力"让人感到困惑,人们会问:"我没有职务,怎么领导他人?我说话谁会听?我凭什么指挥他人?"

在我们很多人的认识中,"领导"就意味着"职务""上司""高管"。没有职务,或者作为下属,就只能被指挥、要求、安排,只能听话和服从。

但是,时代剧变,个人和组织都在变,很多传统的观念和概念已经束缚、阻碍了人的发展,急需"正名",急需重新定义。实际上,自20世纪70年代开始,发达国家已经进入知识经济时代,知识员工已经成为主体，个人的力量空前高涨，创新创业与变革的常态化加速了个人的独立自主，人人都有领导力、人人都能够创造不同的时代已经来临。近些年，"人人都有领导力"不仅在全球的顶级投行、金融机构成为一种趋势，苹果、谷歌、亚马逊、腾讯、美团、字节跳动、快手、海尔等创新型公司，以及知识分子聚集的科研院所等已经纷纷打破传统官僚组织的职务等级，倡导"平等、平视、参与、共创"的领导理念，激发每个人的主动性、活力和创造力，颠覆了之前那种认为只有带队伍的管理者才需要、才具有"领导力"的错误观念！

要深入理解"人人都有领导力"，我们首先要从领导力学术的角度来探讨两个基本问题：谁是领导者？什么是领导力？

第一，谁是领导者？领导者不同于管理者，管理者是一种职务、拥有下属、通过计划和组织完成既定的任务，而领导者不是一种职务，而是一种角色状态、一种行为典范、一股点燃他人内心热情的火焰，领导者拥有的是一起追逐梦想的追随者，就像"君子"和"英雄"，与作为有关，与职务无关。职务可以任命，追随要靠赢得！

我们来看几个关于领导者的相关诠释：

> 人皆可以为尧舜。——《孟子·告子章句下》
>
> 天下兴亡，匹夫有责。——顾炎武
>
> 领导者就是经营梦想的人。——拿破仑
>
> 如果你的行动激发他人梦想更多、学习更多、行动更多、成为更好，你就是领导者！——美国第六任总统约翰·昆西·亚当斯
>
> 领导者做对的事，管理者把事做对。——领导学大师沃伦·本尼斯
>
> 我把丘吉尔和爱因斯坦都看成领导者，即那些极大地影响了人们

> 的思想、行为和情感的人。丘吉尔是通过和各种听众交流故事来扩大他的影响的,故我把他称为"直接领导者";而爱因斯坦是通过他所形成的故事,以及把这些故事付诸理论或著作的方式来施行他的影响的,因此,他是一位"间接领导者"。——哈佛大学教授霍华德·加德纳《领导智慧》

早在1985年,邓小平就指出:"什么叫领导,领导就是服务。"这些定义和观点大大拓宽、丰富了我们对于领导的认知。他们都在强调领导的核心不是"有位"而是"有为"!

第二,什么是领导力?

> 将者,智信仁勇严也。——孙子《孙子兵法》
>
> 领导力是将人类的愿景提升到更高的境界,将人类的绩效提升到更高的标准,使人们能够超越正常的个性局限。——管理大师德鲁克
>
> 领导力是认识自己,有愿景并能共启愿景,在同事间建立信任,通过采取有效的行为实现这种愿景。——沃伦·本尼斯《领导者》
>
> 领导力是动员大家为了共同的愿景努力奋斗的艺术。——库泽斯和波斯纳《领导力》
>
> 领导力是通过鼓舞和激励来推动变革和创新的能力。——哈佛商学院院长尼廷·诺瑞亚等《管理学》

这些观点表明领导力与远见卓识、品格信誉、愿景梦想、变革创新等密切相关,领导力是激发人和组织潜能去实现梦想,创造更加美好的世界的行动!

从领导者的权力的角度来看,理查德·L.达夫特在《领导学》一书中,将领导者的权力分为"硬权力"和"软权力","硬权力"是一种"法

定权力"，是职位本身赋予管理者的权力，主要包括三种类型的权力：合法权力、奖赏权力、强制权力。"软权力"是基于领导者的个人专长和品格而产生的权力，也叫"魅力"（权力），人们敬佩、尊重、愿意追随这样的领导者，主要包括两种类型的权力：专家权力、参照权力。

领导力的本质是影响力，是通过领导者的行为去点燃他人挑战现状、超越自我、成人达己！实际上，我们每个人每天都在发挥着自己的"影响力"（软权力），例如，你有没有：

- 向他人谈起你珍视的价值观？
- 为你想让他人去做的事情做出榜样？
- 兴奋地谈论着自己的梦想和期待，即使它今天还不存在？
- 让他人和你一起去做某事？
- 努力把工作做得比现在更好一些？
- 寻找机会进行变革和创新？
- 成为第一批尝试新事物的人？
- 专心地倾听那些与你观点不同的人的发言？
- 指导他人学习如何更好地工作？
- 辅导他人反思、改进？
- 为他人的进步或努力点赞、鼓掌！

如果你有上述行为，你就是在发挥领导力！

今天，"知识就是力量"日益凸显！在知识和创意驱动的组织，权力正在快速转移，管理者的"硬权力"在快速下降，"软权力"在快速上升，尤其是"参照权力"（典范影响力）在成为领导的"典范"和标准！每个团队、组织和社区都需要人站出来，共同承担起创新和变革的责任！每个人都要学会更好地认识自我、领导自我、精通专业、影响他人、成人达己！

那么，没有职务的平凡人如何发挥领导力？领导力大师库泽斯和波

## 非职领导：人人都有领导力

斯纳历经40年的长期实证研究，在《领导力》《信誉》等书的基础上，推出了《非职领导：人人都有领导力》，帮助我们科学、系统地认识和学习"非职领导"的精髓，让平凡人成就非凡。作为十多年来翻译和讲授《领导力》，并与两位大师有着长期交流与合作的专业人士，我由衷地赞赏他们在《非职领导：人人都有领导力》一书中提出的领导力"操作系统"的有效性。为了帮助读者更好理解本书的主旨，现摘要几点与大家共勉：

> 领导力不是少数有魅力的男人和女人的特权，而是一组在他们自己和激发他人发挥最佳状态时展现出来的可以学习的行为和行动。人人都可以习得。
>
> 职务是被任命授予的，但作为一个领导者是你自己赢得的，为你赢得领导者身份的不是你在组织中的地位，而是你的行为和作为。
>
> 非职领导力是关于一个人为了带来改变和改进所做的事情。它是关于个人如何通过实际行动和行为，把价值观转化为行动，愿景转化为现实，障碍转化为创新，分裂转化为团结，冒险转化为奖励的。这是关于领导力的实践，有助于创造这样一种团队氛围——激发人们团结协作，把复杂的问题和具有挑战性的机会转化为非凡的成功。
>
> 领导不是职位、等级地位或遗传品质。领导力是一种关系，最重要的关系来自我们尊敬的身边的榜样和典范，他们的一言一行影响和塑造了我们的世界观、人生观和价值观。两位大师通过40年的实证研究找出了人们最希望领导者具备的品质，以及所有伟大领导力的基础——典范领导者的五种习惯行为！
>
> 大量的领导力故事显示，领导力由内而外，领导力首先是一种个人探索之旅，然后是动员和影响他人实现梦想。

在本书中，两位大师带领读者一起探索典范领导者五种习惯行为中的每一种，并展示如何将它们结合在一起成为领导者实践的一套"操作系统"。一旦你理解了这套"操作系统"，你就可以创建并运行大量的不同应用程序，类似于操作系统为计算机软件提供的功能。

在现实中，领导力有六大典型场景——家庭、学校、公司、政府、军队和宗教场合。从某种意义上讲，我们每个人都是领导者，也都是追随者，要做领导者，先做追随者！我们也都是自己人生的创业者、创新者和变革者，无论是有职务的 CEO、高管、中基层经理、项目经理、银行行长、校长、系主任、班主任、医院院长、科室主任、学生会干部、书记、班长、课代表、合伙人，还是销售人员、市场人员、律师、咨询师、顾问、记者、教练、理财规划师、教师、医生、科学家、工程师、程序员、歌星、影星、运动员、主持人、播音员、志愿者、学生等，我们无一不需要有清晰的职业价值观、言行一致、树立信誉、共启愿景、挑战现状、使众人行、激励人心，赢得内外部人的信任合作与双赢共生！

今天的世界，既需要比尔·盖茨、马斯克、任正非、马化腾、王兴，更需要千千万万的"教师张桂梅""运动员苏炳添""生命摆渡人汪勇"等各行各业的"平凡英雄"和"大国工匠"！

展望未来，"人是目的"已经成为全球职场的共识。盖洛普 CEO 新著 *It's the Manager* 的最新研究表明，公司新使命——以及职场的未来——必须包括最大限度地发挥人的潜能。全球职场正在发生前所未有的变革，千禧一代和 Z 世代不仅仅是为了薪水而工作——他们想要工作的目的和意义。

翻译本书再次体现了团队合作的力量。首先感谢电子社付豫波总经理和刘淑敏编辑的信任和支持。尤其要感谢清华经管领导力研究中心主任杨斌教授在百忙中的审校和撰写推荐序，他对很多关键词句的翻译提出了很好的意见，例如，"Example Leader"之前翻译为"模范领导"，他建议翻译为"典范领导"，一字之别，神采迥异！2003年，《领导力》（第3版）进入中国的时候，正是杨斌教授传神地翻译了卓越领导的五种习惯行为——以身作则、共启愿景、挑战现状、使众人行、激励人心！让这五种领导行为言简意赅、朗朗上口、深入人心！

翻译是一件充满遗憾的工作。由于译者水平有限，错误在所难免，敬请读者批评指正。

徐中　博士

领越领导力高级认证导师（Certified Master）

北京智学明德国际领导力中心创始人

《清晨领导力》作者

《领导力》《领导梯队》等书译者

# 前　言
## 前提和承诺

本书的前提很简单：**领导力是一组可以学习的行动和行为，人人都可以习得**。在接下来的叙述中，我们将证明领导力与职级、职位或权力无关，我们将提供数据来支持这一说法。我们还将分享一些个人的案例——他们如何通过卓越的领导行为，引导他人在他们的组织和社区中成就非凡。

**非职领导力是关于一个人为了带来改变和改进所做的事情**。它是关于个人如何通过实际行动和行为，把价值观转化为行动，愿景转化为现实，障碍转化为创新，分裂转化为团结，冒险转化为奖励的。这是关于领导力的实践，有助于创造这样一种团队氛围——激发人们团结协作，把复杂的问题和具有挑战性的机会转化为非凡的成功。

在工作场所和社区内讨论领导力时，人们关注的往往是那些被任命或选举担任领导职务的人。虽然那些做出成就的、有职务的领导者应该得到赞扬，但他们并不是唯一重要的人。事实上，我们认为，更多的没有职务的领导者，为集体成就和社会福祉做出了卓越贡献。卓越的工作场所和社区的建设不仅仅是正式领导者的职责，也与组织中所有人的行为有关。

新冠肺炎疫情就是一个很好的案例，它在全球蔓延，令医疗卫生系统不堪重负，导致大量企业和学校关闭，并完全扰乱了地球上每个人的正常生活。这是我们一生中从未经历过的一场前所未有的危机。尽管现在有——而且必须有——全球、国家、区域、州和地方的努力协调来应对这一流行病，但也需要医生、护士、急救人员、教师、家长、学生、志愿者和其他相关公民通过许多小小的行动来发挥领导作用。他们创造性地治疗患者、照顾弱势群体、解决物资短缺、生产个人防护装备、表彰英雄，甚至给原本悲惨和沮丧的局面带来一点欢乐。

另一个案例是关于悲剧和逆境如何创造机会让人们站出来领导的，在这种情景下，领导力随之产生。在乔治·弗洛伊德在被警方拘留期间死亡的事件中，从下至上、从上至下的抗议活动是对这件事情的回应。他的死亡是围绕种族和社会正义，以及警察对待有色人种问题的长期紧张局势的转折点。在事件发生的一天内，抗议活动就开始了，首先是在事件发生的明尼阿波利斯市，然后是在美国和世界各地的主要城市。这些行动大多是分散的，主要是由没有正式职务或职位、背景非常多样的年轻人发起的。

个人、组织和社区仍然面临许多挑战，人们发挥领导力的机会和需求也不受限制。我们写本书是为了帮助你做好准备，成为你能成为的最好的领导者，利用你所拥有的机会，让这个世界比你看见时更好一点。

## 谁适合读本书

本书既是为那些有职务的人写的，如主管、经理、高管、首席执行官、董事、队长、老板等，也是为其他有某种正式权力的人写的。它也是写给一线员工、新员工、个人贡献者、销售人员、分析师、研究人员、顾问、专家、社区活动家、志愿者、项目负责人、科学家、工程师、行政人员、艺术家、运动员、律师、程序员、教练、教师、父母和所有其他没有职位或头衔的领导者的。本书旨在帮助人们——不管他们扮演什么角色——提升他们的领导力，成就非凡。

我们写作本书也是为了鼓舞你。我们将向你展示如何在没有任何正式权力的情况下有效地领导。无论你在哪里，领导力都很重要。我们从研究中认识到——每一章都会讨论——不担任经理或主管的人远比传统或传说所认为的更有能力发展自己成为领导者，以及更好地发挥领导力。

基层经理、高管和领导力开发人员也将从本书中受益。他们会在这里找到一个又一个案例——那些没有职务或地位优势却取得非凡成就的人。我们希望这将增强他们为组织中的每个人提供领导力发展机会的必要性。我们知道，最好的领导者都是最好的学习者，学习领导力最好在人们参加工作或承担正式的组织职责之前就开始。

正如你将从本书的大量案例中看到的，这些原则适用于任何组织，它们不依赖于任何特定的特质（例如，年龄、性别、种族、职业、国籍等）或个性变量，关键是人们在以身作则、率先垂范时所展现的行为和行动。

## 基于实证的研究

本书中描述的原则和习惯行为都是建立在定量和定性研究基础上的。本书起源于我们1982年开始的一项研究。我们想知道人们在领导他人达到"个人最佳状态"时做了什么。人们从自己的领导经历中看到自己的卓越领导的行为标准。我们从这样一个假设开始研究：为了发现最佳领导行为，我们不必访谈和调查绩效明星、著名人物或高层领导；

相反，我们认为，通过让不同层级、不同组织背景的人描述他们非凡的经历，就能够找到并识别成功的模式。最终，我们找到了。

我们最初的调查结果——以及我们进行了近40年的持续研究的结果——在一致性方面令人振奋，并且驳斥了许多对领导者的刻板印象。例如，人们经常认为，不同类型的组织或文化之间的领导力是不同的。但事实不是这样的。虽然从外部看，每个组织的环境都不一样，但我们发现，领导者在他们处于最佳状态时所展现的行为是非常相似的。最佳领导状态的行为模式在不同的地点和环境中差别不大。的确，环境在不断变化，工作场所、社区和国家的状况也随着时间的推移在发生变化，但领导力仍然是一个可以理解和总结的过程。虽然每个领导者都是一个独特的个人，但他们有着共同的领导行为模式。在本书的每一章，你都能找到领导经历的证据，证明没有职务的领导者在各种背景下都能产生积极的非凡成就。

关于研究方法的详细信息，包括领导行为清单和分析的心理计量学特性，以及多位独立学者的验证研究重点，请访问我们的网站：www.leadershipchallenge.com。那些有兴趣拓宽自己领导力视角的读者，应该看看我们的其他几本关于领导力的书，如 Credibility: How Leaders Gain and Lose It, Why People Demand It; The Truth About Leadership: The No-Fads, Heart-of-the-Matter Facts You Need to Know; Learning Leadership: The Five Fundamentals of Becoming an Exemplary Leader。

## 领导指南

请把本书当作你的领导之旅的指南。我们设计它的目的是描述领导者做什么，解释支持这些领导行为的基本原则，并提供工作场所或社区中真实的人所展示的每个行为的实际案例。基于成千上万响应领导力召唤的人的现实生活经历，我们提供了具体的建议，帮助你学习和实践这些领导行为，持续提升你的领导力。

第1章向你介绍了关于领导力的观点——领导力不是职位、等级地位或遗传品质。我们把领导力作为一种关系来讨论，我们揭示了谁是最重要的领导典范。我们描述了人们最希望领导者具备的品质，并揭示了所有伟大领导力的基础——典范领导者的五种习惯行为。

我们由内而外地讲述领导力的故事，首先将领导力描述为一种个人探索之旅，然后是动员和影响他人。研究表明，领导力不是少数有魅力的男人和女人的特权，而是一组在他们自己和激发他人发挥最佳状态时展现出来的可以学习的行为和行动。

在第2~6章，我们将探索这五种习惯行为中的每一种，并展示它们结合在一起为领导者提供的一套"操作系统"。一旦你理解了这套"操作系统"，你就可以创建并运行任意数量的不同应用程序，类似于操作系统为计算机软件提供的功能。这些讨论是建立在我们原始研究的结果之上的，有其他学者的研究支持，并提供了关于领导力的独特观点，这些观点在经历上是合理的，在实践中是有用的。众多案例和实证数据阐明了每一种领导行为，以及每一种领导行为如何实践可以产生更好的结果。每一章都有建议采取的行动，以两个具体的第一步行动作为结尾，你可以把这些领导行为应用到你的领导力发展中去。

在第7章，我们分享了一些总结研究，这些研究表明领导力不仅对你的同事或社区很重要，而且对你个人也很重要。我们将讨论学习领导力的六个基本原则，并探讨三种基本类型的学习机会。这样做的目的是揭开领导力的神秘面纱，展示每个人都有学习领导力的能力。最后，我们建议，成为最佳领导者的过程将从根本上改变你是谁以及你每天如何展现自己。为此，我们提供了一个总结反思活动，帮助你开始你的领导之旅的下一阶段。

## 领导力的未来

领导者的工作是经营未来。我们希望本书能够贡献于工作场所正在进行的重塑、组织的健康发展,以及人们之间更大程度的相互尊重和理解。我们热切希望它能丰富你和你的同事、朋友和家人的生活。作为领导者,你所能做的最重要的贡献就是赋能他人,让他们更好地适应、成长和绽放。

领导力很重要。它在每个组织、每个社区、每个国家都是必不可少的。在这个前所未有的变革时代,组织和社区需要更多的领导者,现在比以往任何时候都更需要能够团结和动员他人共同奋斗的领导者。

有那么多非凡的工作需要完成,而你有机会在完成这些工作的方式上做出有意义的改变。接受挑战,学会成为你所能成为的最好的领导者——为了你的社区、你的工作场所及你爱的人。

詹姆斯·库泽斯

巴里·波斯纳

# 目 录

**第 1 章　领导不是职位** ............................................. 1
　　领导是一种关系 ..................................................... 2
　　信誉是领导的基石 ................................................... 5
　　典范领导者的五种习惯行为 ........................................... 9
　　你已经在领导 ...................................................... 15
　　领导力成就非凡 .................................................... 17

**第 2 章　以身作则** ................................................. 21
　　明确你的价值观 .................................................... 23
　　榜样引领 .......................................................... 31
　　以身作则的行动指南 ................................................ 44

**第 3 章　共启愿景** ................................................. 47
　　澄清你的愿景 ...................................................... 50
　　共同参与 .......................................................... 57
　　共启愿景的行动指南 ................................................ 69

| 第 4 章 | **挑战现状** | 71 |
|---|---|---|
| | 积极主动寻求改进 | 74 |
| | 尝试并承担风险 | 82 |
| | 挑战现状的行动指南 | 94 |

| 第 5 章 | **使众人行** | 97 |
|---|---|---|
| | 促进协作与建立信任 | 99 |
| | 授权赋能他人 | 110 |
| | 使众人行的行动指南 | 119 |

| 第 6 章 | **激励人心** | 121 |
|---|---|---|
| | 期待最佳表现 | 123 |
| | 创造集体主义精神 | 135 |
| | 激励人心的行动指南 | 143 |

| 第 7 章 | **领导力发展是自我发展** | 147 |
|---|---|---|
| | 领导力至关重要 | 148 |
| | 领导力可以习得 | 151 |
| | 如何学习领导力 | 155 |
| | 做最好的自己 | 158 |
| | 我们对你的期待 | 160 |

| 附录 A | **本书的研究基础** | 161 |
|---|---|---|

| 注释 | 163 |
|---|---|
| 致谢 | 183 |
| 关于作者 | 185 |

# 第 1 章
# 领导不是职位

当你听到"领导者"这个词时，你首先想到的是什么？

你也许想到一个有职务的人，如首席执行官、总统、总理或海军上将。你也许想到一些著名的公众人物，如演员或歌手、创业公司创始人或职业运动员。你也许想到历史书上的某个人，他领导了一场征服或改变世界的运动。你也许想到一些人，他们获得了诺贝尔奖或普利策奖，写了一部畅销小说或获得格莱美奖的歌曲。这是很常见的反应。每当你读到"年度 50 位最伟大的领导者"名单时，你的这种感觉就会更加强烈。事实上，如果你看一看最著名的名单，你会发现百分之百的所谓的"最伟大的领导者"都是这样的。

对年轻的领导者也是如此。在世界经济论坛编制的一份全球青年领导者名单中，85%的青年领导者拥有高管、创始人或政府官员的职务。入选这些榜单并出现在大众媒体上的大多数"领导者"都是有职务的、处于组织顶端的人。

我们并不是说这些人不是领导者。他们当然是。只是他们不是这个世界上唯一的领导者。事实上，他们甚至不代表大多数的领导者。我们收集了来自世界各地数百万人的数据，毫无疑问，我们可以说，世界各地都有领导者。各类职业、各个学科、各个领域、各个组织、各个行业、各类宗教、各个国家都有领导者；你会发现他们从年轻到年老，从男性到女性，从不同的种族到不同的文化。领导者不仅存在于组织的最高层，还存在于组织的各个层级，包括中层和一线。在正式组织之外也有领导者，在社区、协会、俱乐部、运动队和家庭都有领导者存在。

你可以拥有经理、总监或副总裁之类的职务。你可能会有直接向你汇报的下属，但这并不一定会让你成为一个领导者。**职务是被任命的，但作为一个领导者是你自己赢得的**，为你赢得领导者身份的不是你在组织中的地位，而是你的行为。通过你的行为，你在身边人的眼中，以及你与他们的关系中赢得了领导者的身份。事实上，你更有可能既是领导者，也是家长、教练、教师、一线员工、项目经理、社区活动家或关心此事的普通人，你也可能是一名个人贡献者、专家、分析师、顾问、代表、行政管理人员、工程师或科学家。你不需要身居高位才能领导他人；你在任何职位或岗位都可以发挥领导力。

所以，让我们从一开始就直截了当地表明态度，领导者与职位无关。它不是职务或军衔。它不是一个权力的职位或特权的岗位。当你在字典中查找"领导力"一词时，它并非以大写的"L"开头，而是以小写的"l"开头。"lead"、"leader"和"leadership"从字面上衍生出"走"或"引导"的意思。这就是领导力的全部意义：**获得成功，引领他人**。

人们从谁那里寻求这种引领和方向呢？我们来一探究竟。

 ## 领导是一种关系

在一项超过 3.5 万人参与的全球研究中，我们让人们想想自己生活

中的哪些人是他们的领导榜样。我们提供了一些条目，他们的领导角色榜样可能出现在其中。请看表 1。你会选择哪一类人作为你的领导榜样？

表 1　领导的角色榜样

- 演员或艺人
- 商业领导人
- 教练
- 社区领导人
- 合作者/同事
- 家庭成员
- 直接上司
- 宗教领导人
- 政治领导人
- 职业运动员
- 教师
- 没有/不确定

你会选谁？当回顾他们的生活，选择最重要的领导榜样时，绝大多数受访者选择家庭成员的次数比其他任何人都多。其次是教师或教练和直接上司。25 岁以下人（Z 世代）的选择是商业领导人和教练，而千禧一代（Y 世代和 X 世代，年龄在 25~55 岁）和婴儿潮一代（56 岁以上）的选择是教练和商业领导人。在职场上，他们的直接上司是他们的老师和教练。另有 6%的人表示是合作者/同事。这四种类型的回答占所有回答的 3/4 以上。8%的人表示"没有/不确定"，这意味着只有 16%的人被归入"商业领导人""社区领导人""政治领导人""宗教领导人""演员或艺人""职业运动员"等类别。这种情况在性别、种族、教育水平、行业、职业，甚至各个层级上都相对稳定。

## 非职领导：人人都有领导力

数据清楚地表明，大多受访者选择的人是身边最亲近的人。这些领导榜样不是新闻、电视或社交媒体上的人，而是人们日常接触最多的人。换言之，领导榜样是身边的人。虽然名人可能占据新闻头条，但那些与你有更多私人接触的人更可能成为你的榜样，对你如何领导及如何发展成为一个领导者有更大的影响。毫无疑问，同样，你也最有可能成为你最亲近的人的领导榜样——比那些所谓的世界上最好的领导者更有影响力。

这些研究结论意义重大。父母、教师和教练是为年轻人树立领导榜样的人。而不是嘻哈艺术家、电影明星、职业运动员或其他在社交媒体上制造新闻的人激发了他们的领导力。如果你是一位家长、教师或志愿者教练，你是他们如何应对竞争情况、处理危机、处理失败或解决道德困境的榜样。他们的榜样不是他人，正是你！

研究结果还表明，**如果你在一个工作组织中，你更有可能在工作团队的同事中找到榜样，而不是组织的最高层或外部的某个职位的人。**如果你现在是主管或经理，你可能已经是他人的榜样了。你比公司里的其他人更有可能影响他们留下或离开的愿望，影响他们的职业发展，影响他们的道德行为，影响他们最佳表现的能力，影响他们服务客户的动力，影响他们分享与服务组织的愿景和价值观的动机。

无法回避的是，对一些人来说，你是或者可能是他们学习领导力的榜样。他们可能是你的团队的同事，也可能是其他部门的同事，也可能是你工作之余服务的青年运动队或俱乐部的孩子，也可能是你作为志愿者服务的社区成员，也可能是你的儿子或女儿、配偶或伴侣。

你需要思考的一个问题是：如果你有可能成为他人的榜样，你难道不想成为你能成为的最好的榜样吗？这是你的选择。只是要意识到这一点，无论有无职务或职位，无论是在家里、在学校、在社区，还是在工作场所，你都必须对你身边的人观察和接受的领导品质负责。你要对自己和他人负责,以展示你的领导力。

最经常被选为领导榜样的人——家庭成员、教师、教练、直接上司和同事——也揭示了最重要的发现。它们强调了领导力是一种关系的事实。**领导力是那些渴望领导的人和那些选择追随的人之间的关系**。无论这种关系是一对一还是一对多,都是一种关系。如果你想成为一个领导者,让他人愿意追随你,那就必须建立一种人际关系,一种把你和他人联系在一起的东西。这段关系的质量将决定其他人是否会追随你的领导。要有效地领导,你必须理解领导与成员之间潜在的动态关系。因此,理解人们在他们愿意追随的领导者身上寻找的品质是极其重要的。如果人们想要在项目或职业生涯的整个过程中追随你,他们最想从你的行为中看到什么?

**以恐惧和不信任为特征的人际关系永远不会产生任何持久的价值。**以相互尊重和信任为特征的关系将有助于团结协作、克服最大的逆境,并产生重要的影响。任何关于领导的讨论都必须注意这种关系的动态性。如果不理解将人们与领导者、领导者与人们联系在一起的人类的基本愿望,任何战略、战术、技能和技术都将是无效的。

 ## 信誉是领导的基石

你会听取谁的意见,接受谁的建议,受到谁的影响,并心甘情愿地追随谁,不是因为你不得不这样做,而是因为你想要这样做。做什么才能让你成为他人想要追随的人,并且热情而自愿地追随你?理解并回应这些期望对于典范领导的实践至关重要。

为了理解这种领导者与成员之间的关系,我们在过去的40年里一直在进行调研,关于人们认为对他们来说最重要的领导者的价值观、品质和他们愿意追随的品质。这句话的关键词是"自愿"。"你认为必须追随某人是一回事",而"你发自内心地想要追随一个人是另一回事"。

我们收集了12万多名受访者的回复,这些回复多年来一直保持着惊人的一致性。我们的证据表明,人们必须通过几项基本的品质检验,才能从他人那里获得领导者的称号,如表2所示。

表2 人们希望在领导者身上看到的个人价值观、特质或品质*

| 价值观、特质或品质 | 被调查者选择这一类的百分比*/% |
|---|---|
| **诚实的**<br>(诚实、正直、值得信赖、有品格、有道德) | 87 |
| **有前瞻性的**<br>(有远见、深谋远虑、关注未来、有方向感) | 69 |
| **有胜任力的**<br>(有能力、精通专业、工作高效、又快又好地完成任务、专业) | 67 |
| **能激发人的**<br>(令人振奋的、热情的、精力充沛、乐观的、对未来积极面对) | 66 |
| **聪明的**<br>(聪明的、机智敏捷的、明智的、有逻辑的) | 45 |
| **心胸开阔的**<br>(思想开放、灵活、善于接受新事物、宽容的) | 38 |
| **可靠的**<br>(可靠、认真、负责任的) | 34 |
| **能支持他人的**<br>(乐于助人、提供帮助、令人欣慰的) | 36 |
| **公正的**<br>(公正、无偏见、客观、宽宏大量) | 40 |

续表

| 价值观、特质或品质 | 被调查者选择这一类的百分比[*]/% |
|---|---|
| 坦率的<br>（直接的、坦诚的、直率的） | 34 |
| 合作的<br>（协作的、具有团队精神、积极回应） | 27 |
| 勇敢的<br>（英勇的、大胆的、有勇气的） | 24 |
| 关爱他人的<br>（欣赏感激、富有同理心、关心人、爱人、关照他人） | 22 |
| 有主见的<br>（专注的、坚决的、坚持不懈的、有决心的） | 22 |
| 有想象力的<br>（有创意、有创新、有好奇心） | 22 |
| 有雄心的<br>（有抱负、刻苦、奋斗） | 19 |
| 成熟的<br>（有经历、有智慧、有深度） | 16 |
| 忠诚的<br>（忠诚的、尽职的、坚定不移的、奉献的） | 15 |
| 有自制力的<br>（低调内敛、自律） | 10 |
| 独立的<br>（自力更生、自立的、自信的） | 6 |

[*]请注意，每个类别都包含几个同义词

所有的品质都有人投票，因此，每一个品质至少对一些人来说很重要。然而，最明显的是，随着时间的推移，跨越各大洲、各类人群和组织的差异,只有 4 个品质连续获得了大多数人的选择(超过 60%)。人们在领导者身上最期待和最敬佩的品质一直都是不变的。如果人们愿意追随某人,他们必须相信这个人是诚实的、有胜任力的、能激发人的和有前瞻性的。

尽管影响经济和社会生活的各种力量在不断变化,但人们对领导者的期望始终如一,这一事实也揭示了另一个深刻的含义。这些调查结果具有坚实的概念基础,社会心理学家和沟通专家称之为"信息源的可信度"。

**评估信息源的可信度**——无论是新闻播音员、销售人员、医生还是牧师,无论是企业高管、军官、政治家还是民间领导,研究人员通常会根据他们的**可信度**、**专业性**和**充满活力**来评估他们。人们在这三个方面得到的评价越高,他们被认为是信息源的可信度就越高。

请注意,这三个品质与人们想要从他们的领导者身上看到的基本品质是多么相似——诚实的、有胜任力的和能激发人的,在我们的调查中选择的最重要的四项中的三项。将这一理论与这些数据联系起来,就会得出一个惊人的结论:**人们更愿意追随可信的领导者。信誉是领导的基石**。最重要的是,人们必须能够相信他们的领导者。要想心甘情愿地追随他们,人们必须相信领导者讲的话是可信的,他们对工作是充满激情和热情的,他们是具备领导的知识和能力的。

如果要让他人追随你去追寻一些不确定的未来,如果这个旅程将要经历困难和可能的牺牲,那么你必须赢得人们的信任。人们必须相信你讲的话,相信你会言出必行,相信你对团队的前进方向充满热情,相信你有领导团队的知识和能力。

这一切引出了领导力的第一法则:**如果人们不信任提供信息的人,他们就不会相信他所提供的信息。**

## 典范领导者的五种习惯行为

那么,领导者是如何建立和维持信誉的呢?他们做了什么来让他人认为他们是有胜任力和值得信赖的领导者?他们会表现出什么样的行为来吸引和动员他人去追随?当他们在领导和成就非凡的事情时,他们在做什么?

为了回答这些问题,我们从20世纪80年代初就开始询问人们,让他们告诉我们,当他们作为领导者处于"个人最佳状态"时,他们做了什么。我们持续在世界各地的研究和研讨会中提出这个问题。我们收集了成千上万的个人——最佳领导经历——关于他们如何在最佳领导状态时表现出色的故事,这些故事讲述者具有不同的背景、国籍、组织、层级、年龄、性别、教育等。我们访谈了大学生、职场中的个人贡献者、大公司和小公司的中层管理人员、社区的志愿者和企业高管,了解他们处于最佳领导状态的时候——当他们作为领导者做得最好的时候。

在了解他人说了什么之前,请思考一下你自己的最佳领导经历。这个经历可能是当你以非正式领导的身份出现的时候,也可能是你被任命为一个新项目的领导者的时候。它可以是在任何职能部门里在任何类型的组织中,也可以是在一个普通员工的岗位上。这种经历不需要在你当前的公司里。可以是之前的工作,在俱乐部、志愿者社区、专业组织、学校、团队、集会,甚至家庭中。这个领导经历可以是一个改善产品或服务的项目、一个为你的社区带来改变的倡议、一个表现不佳的团队的重振、一个新业务的启动、在危机中的挺身而出,或任何其他需要领导力的挑战情境中。

当我们最初分析收集到的数千个最佳领导故事的价值观时,两个最基本的共性出现了,并持续成为主线和中心。我们学到的第一个点是,每个人都有故事要讲述。不管我们问谁，他们都能找到自己作为领导者表现最好的时刻。个人最佳故事的细节因人而异，因为个人对最佳领导经历问卷的回答在各种因素下会有所不同。尽管存在个人、背景和环境的差异，我们学到的第二个点是，领导者在他们处于最佳领导状态时的行动和行为是相似的，远远大于他们的差异。当人们作为领导者处于个人最佳领导状态时，他们会表现出一系列共同的行为和行动。这些行为是普适的，它们经受住了时间和地点的考验。此外，数百位独立学者在他们的研究中也验证了这一框架，他们研究领导者在个人幸福感、组织生产力和效率中扮演的核心角色。证据表明：在全世界的每一个角落、社会的每一个部门、每一个社区、每一个组织和各类人群中，都有堪称榜样的领导者。

我们将这些行为归纳为一个领导力操作系统——"典范范领导者的五种习惯行为"：

- 以身作则。
- 共启愿景。
- 挑战现状。
- 使众人行。
- 激励人心。

现在让我们简要地了解这五种行为。我们将在第 2~6 章中更全面地探讨它们。在这些章节中，你会发现很多和你一样的人在他们的工作中如何应用典范领导者的五种习惯行为的故事和案例。我们还会提供一些实用的建议，教你如何学习成为你可以成为的最好的领导者。

## 以身作则

职务是任命的，但真正为你赢得尊重的是你的行为。这种观点出现在每一个个人最佳领导经历中，他们有代表性的观点是"我不能告诉他人要做什么,我必须做给他们看"、"我必须成为他人学习的行为榜样"和"我必须澄清我的个人价值观,然后言行一致"。典范领导者知道,如果他们想要赢得身边人的尊重,实现最高的标准,他们必须成为他们期望他人行为的榜样。典范领导者必须以身作则。

为了有效地以身作则,你首先必须清楚你的指导原则。你必须阐明你的价值观,发出你的声音。当你清楚你是谁和你所珍视的价值观时,你就可以真诚地说出指导你的决策和行动的信念。但是,你的价值观并不是唯一重要的价值观。领导者不只为自己说话。他们也代表团队发声,在每个团队、组织和社区中,也有一些人认为自己的原则很重要,他们有自己的看法。作为一个领导者,你还必须帮助大家澄清,并明确你所在团队的共同价值观。如果对什么是对的、什么是错的没有一致的、集体的共识,那么就什么都做不成,人们既没有行为的标准,也没有可以遵循的道德标准。

然而,当涉及领导者是否认真对待他们所说的话时,领导者的行动远比他们说的话重要。人们听他讲话,然后观察他的行动。领导者的言行必须一致,才能赢得信任,因此,典范领导者通过将行为与共同的价值观保持一致来树立榜样。表明某件事重要的最好方式就是你亲自去做。通过日常的行动,领导者向人们展示他们对自己的信念和团体共同价值观的坚定承诺。

## 共启愿景

人们将他们个人的最佳领导经历描述为当他们为自己和他人展望令人激动的和有意义的未来的时刻。他们讲述的行动包括:"我告诉团队成员,我们需要每个人的承诺,让我们的愿景变成现实,追寻我们的梦想,并让梦想成真。""我越是想象什么是可能的,我就越能清楚地描述我们的未来。""我们必须保持一致,这样我们才能作为一个团队找到前进的共同目标。"他们渴望创造出他人从未创造过的奇迹。他们对未来充满憧憬，他们有绝对的信心这些愿望能成为现实。当领导者处于最佳领导状态时，他们共启愿景。

在很多方面，领导者都是活在未来的。他们通过长期积累的经验，甚至在开始他们的项目之前就在脑海中看到了未来成功的画面，就像建筑师绘制蓝图或工程师构建模型一样。他们对未来的想象推动着他们前进，他们能够热情而积极地谈论那些令人信服的可能性。他们通过想象令人激动和崇高的可能性来展望未来。

然而，只有领导者看到的愿景不足以创建一个有组织的运动或引发重大的变革。人们除非能拥有自己的愿景，否则他们不会追随。他们必须能够看到自己兴奋的可能性。为了实现一个愿景，领导者不仅必须清楚为什么愿景对自己很重要，而且必须同样清楚为什么它对追随者很重要。为了激发人们展现最佳状态，领导者要描绘愿景，感召他人为共同的愿望努力奋斗。

当你真正理解并铭记那些与你有关的人的希望和梦想时，你就能将生命力注入他人的渴望中。你就能够通过解释和展示如何及为什么梦想是为了共同利益而形成的一个统一的目标。你点燃他人激情的方式是通过表达对团队富有吸引力的愿景的热情，通过生动的语言和有感染力的方式来激发他们的热情。

## 挑战现状

每一个个人最佳领导力的故事都涉及改变现状。没有一个人声称他们是通过保持现状来达到个人的最佳领导状态的。他们说："我需要通过试验和学习的方法来改变一成不变的组织氛围。""我们开始集思广益，如果一切皆有可能，我们会改变什么。""我们发现，要做成大事可以通过做成很多小事来逐步实现。"这就是为什么领导者会挑战现状。

挑战是成就伟大的熔炉。它提供了逆境和愿景相互作用的环境，为创造新事物提供了条件。在他们处于最佳领导状态的时候，领导者是开拓先锋。他们愿意迈进未知的领域，通过掌握主动和从外部获取创新的方法来猎寻改进的机会。

虽然领导者积极主动，但他们并不是新项目、新服务或新流程的唯一创造者或发起者。事实上，他们更有可能不是。创新更多来自倾听，而不是告知——更多来自提问，倾听他人的思考和想法。在挑战现状的过程中，领导者的主要贡献通常是认可好的想法，支持好的想法，并愿意革新现有的系统，以获得新的产品、流程、服务和系统。

我们还发现，在个人最佳领导经历中，领导者必须通过尝试和冒险，不断取得小小的成功，并从实践中学习。领导者深知创新和变革都需要不断尝试和试错。应对这些潜在风险和失败的一种方法是通过渐进的步骤来推进。积累小小的胜利，会让人们建立起信心，相信自己能够应对哪怕是最重大的挑战。在使这些胜利成为可能的过程中，你增强了大家对长期未来的承诺。

学习开启进步的大门，典范领导者会问："我们能从中学到什么？"最好的领导者是最好的学习者，把每一次尝试、每一次创新、每一次错误都当作发展和成长的机会。

## 使众人行

领导者知道他们不能独自成事。伟大的梦想不会通过一个人的行动变成现实。在他们的最佳领导经历中，他们欣赏这样的观点："必须考虑每个人的观点，确保决策是由团队而不是个人来做出的。""关键是要与可以帮助我们实现目标的每个人建立信任合作关系。""给他们空间和自由去做他们的工作，他们有信心去做以前没人做过的事。"领导力体现为团队成员的共同努力，而不是某个人的表现，典范领导者使众人行，在组织中成就非凡。

领导者自豪地讨论他们如何通过建立信任和增进关系来促进协作。他们吸引所有与项目相关的人一起参与，并与大家建立合作关系。他们总是为他人的需要和利益着想。他们把大家凝聚在一起，创造一种氛围，让人们认识到他们是命运共同体，他们应该相互待人如己。他们力求让每个人都能获得成功。

这些领导经历案例展示了领导者是如何让人们感到强大、有能力和全力以赴的。领导者通过增强自主意识和发展能力来增强他人的实力。如果领导者让人们感到弱小、依赖或疏远，人们就不会长期在团队中工作，也不会表现出最佳状态。当你让人们相信他们可以做得比他们想象得更好的时候，他们就会全力以赴。事实上，人们常说，当他们与最好的领导者在一起工作时，他们会付出超过100%的努力，因为领导者能够从他们身上激发出比他们自己想象的更多的东西。当人们对你有信心，你与他们的关系建立在相互信任的基础上时，他们就会更愿意承担风险，做出改变，并保持前进的势头。

## 激励人心

攀登任何新的和具有挑战性的高峰都是艰难的，人们会筋疲力尽、充满挫折和梦想破灭。领导者在他们个人的最佳领导经历中表明，他们必须激励那些与他们一起工作的人继续前进，特别是当他们可能已经想要放弃的时候。他们说："你必须向人们表明，你十分关心他们，相信他们有能力做比他们想象的更多的事情。""赞赏和鼓励是最好的礼物，因为自己的辛勤工作和努力需要得到认可，知道他们正在成就非凡。""我们慷慨地赞美他人，也让我们对自己感觉良好，当你感觉良好时，你的工作会更富有成效。"

真正的关心，无论是表现在令人激动的身体姿势，还是简单的行动，都可以振奋人们的精神，保持他们前进的动力。通过表彰个人的卓越表现来认可他人的贡献是领导工作的一部分。多年来，我们已经看到了成千上万个个人表彰和集体庆祝的案例，从手写的感谢信到乐队和传记纪录片。但认可和庆祝并不是为了娱乐和游戏——尽管当领导者在激励人心的时候，可能会有这些元素。激励人心也不一定要精心安排正式的颁奖典礼，或举办一些增强友情的聚会。它通过创造一种集体主义精神来庆祝价值的实现和胜利。公开的激励是有价值的，因为它可以显著地强化重要的事情，并对践行团队价值观的行动表示赞赏。无论是努力提高质量标准、从灾难中恢复，还是做出任何重大改变，人们都必须看到将行为与珍视的价值观结合起来的好处。当庆祝和仪式发自内心时，你就能够建立一种强烈的集体认同感和团队精神，能够带领团队度过艰难的时期。

典范领导的五种行为模型——**以身作则、共启愿景、挑战现状、使众人行、激励人心**——提供了一个领导的操作系统，说明了实践领导力和成就卓越意义，而不是代表一种关于领导力的思想或理论。践行典范领导者的五种习惯行为不需要任何特定的人格特质，也不需要任何特定的人口特征或接受过高等教育。很有可能你已经在做了，你只是没有意识到你已经在做。或者你不相信自己能发挥领导力，也不认为自己是一个领导者；如果你认为自己不能做，也没有做，这就是实践领导力的好机会。

## 你已经在领导

在分析个人最佳领导经历时，我们学到的另一个要点是，领导力是一组每个人都可以习得的行为和行动。领导力不是某种神秘的品质，也不是一群有魅力的人的特权。它不是少数幸运儿 DNA 中的基因或品质。

它不是一个单一的个性品质或一种特殊的天赋，有些人拥有而其他人没有。它不是一种独特的优势，也不是上帝赐予的礼物。

我们再重复一遍：领导力是一组每个人都可以习得的行为和行动。让我们来看看这个说法！对于下面的每一个问题，请回答"是"或"不是"。你有没有曾经：

- 谈到一个或多个你珍视的价值观？
- 为你想让他人去做的事情做出榜样？
- 兴奋地谈论着一些可能的事情，即使它今天并不存在？
- 让他人和你一起去做某事？
- 努力把工作做得比现在好一些？
- 成为第一批尝试新事物的人？
- 专心地听那些与你观点不同的人的发言？
- 帮助他人学习如何更好地完成任务或更好地工作？

这些就是领导者在他们处于最佳状态时每天都会采取的一些行动，如果你对许多或大部分问题的回答是"是"的话，那么恭喜你，这意味着你已经在领导。只是你的领导行为还不够频繁。如果你对这些问题中的大部分回答是"不是"的话，我们认为你会同意，如果你确信这样做是有益的，这会给你自己和他人带来更大的幸福和成果，你就可以采取所有这些行动。

**领导力体现在你采取的行动中。**它体现在指导你的决策和行为的价值观中。它体现在你为自己和他人描绘的愿景中。它体现在你发起的改变和接受的挑战中。它体现在你建立的信任和增强的关系中。它体现在你如何鼓舞他人和让他人感到被尊重的行动中。

尽管我们可以向你证明领导力是你和其他人都能拥有的，但领导力的神话依然存在。显然，这些谬论包括认为领导力来自职务或职位，做领导需要有一批直接下属，而领导力是一种稀缺的遗传特质。要成为一个典范领导者，首先要相信人人都有领导力，而且你可以成为一个比现在更好的领导者，因为你可以通过学习来提高自己的技能和能力。同样重要的是，你要相信你的行动很重要，领导力能够成就非凡。

## 领导力成就非凡

**卓越领导对人们的幸福感、承诺度和激励、工作绩效及组织的成功会产生显著影响。**这个结论来自世界各地的超过 300 万个参与者的领导行为清单（Leadership Practices Inventory，LPI）测评数据——评估领导者践行典范领导者的五种习惯行为的频繁程度。那些经常践行这五种习惯行为的领导者比那些很少践行的领导者更加卓有成效。

仅仅那些标明自己是"个人贡献者"的人的数据（与高管、中层管理人员或主管进行对照），就揭示了与这些总体发现相同的模式。在接下来的每一章中，我们都提出了来自他们同事的实证证据，进一步证实了这些结果。[①] 例如，被同事评价为好领导的可能性和他们观察到他践行这五种习惯行为的频率之间有很强的相关性（$r = 0.67$）。如图 1 所示，一个人的同事和合作者越频繁地观察他践行这五种习惯行为，他们就越强烈地认为他是一个好领导者。这当然是有道理的。如果你的言行不像一个领导者，你就不会被认为是一个领导者。

所以，你不需要处于领导岗位，也不需要有直接下属，就能帮助同事和合作者带来改变，或者让经理认为你工作最高效。实证数据表明，**你越频繁地践行典范领导者的五种习惯行为，你就越有可能对他人和组**

---

① 除非另有说明，当我们提到"数据"时，我们使用的是附录 A 中描述的样本和分析的结果。样本通常包括同事的独立观点，他们被要求对他们的同事的领导行为提供反馈。他们完成了观察版的领导行为清单，提供了人口统计信息，回答了关于他们工作态度的各种问题，并对他们的同事的领导力有效性进行了评估。

织产生积极的影响。这就是我们所有的数据和独立研究的学者们研究的结果：如果你想要对你身边的人和你所在的组织产生重大影响，那么明智的做法就是学习那些能让你成为最好的领导者的行为。

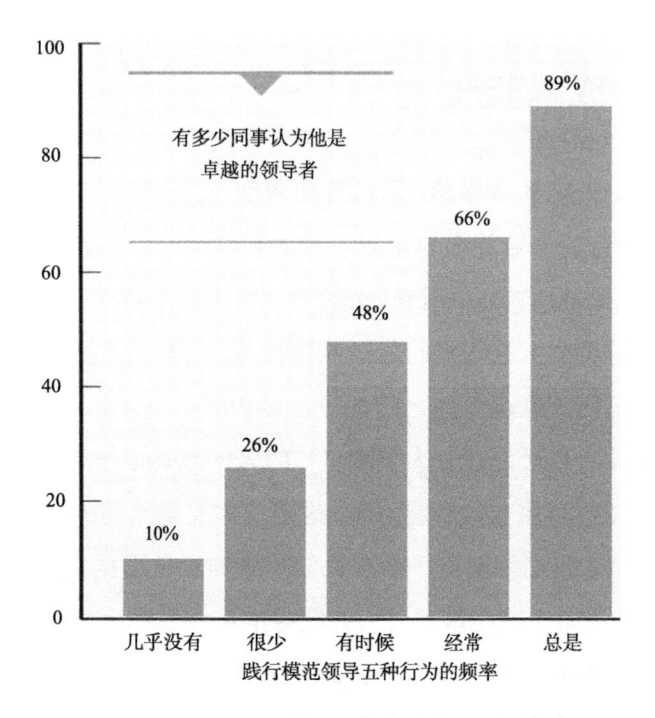

```
100                                            89%
         有多少同事认为他是
 80        卓越的领导者
                                       66%
 60
                               48%
 40
                       26%
 20
               10%
  0
       几乎没有  很少   有时候   经常    总是
               践行模范领导五种行为的频率
```

图 1　越是频繁地践行典范领导者的五种习惯行为，就越被同事认为是好领导者

虽然典范领导者的五种习惯行为不能完全解释为什么领导者和他们的组织能够成功——这实际上是个好消息，你应该对任何承诺完美或提供退款保证的人持怀疑态度——显然，不管你是谁，无论你是做什么的，或者你在哪里，只要你全力以赴，就可以成就非凡。

作为一个领导者，你的言行举止非常重要。你是一个能给他人的生活带来最大改变的人。你是一个必须决定如何将这些行为与你所面对的环境和情境相结合的人。你需要将领导艺术与领导科学有机地结合起来。

在接下来的5章中,我们将详细描述人们如何以身作则、共启愿景、挑战现状、使众人行、激励人心。你将会发现很多与你一样的人的故事和案例,他们是如何展示这些领导行为的,我们提出了一些思想、工具和方法,你可以应用在你的领导力发展之旅中。

当你阅读每一章的时候,请记住关于人们在领导时做什么的研究概述中的关键信息:

- 领导不是一种职位、等级地位或遗传特征。
- 领导是一种关系。
- 领导的榜样就在身边。
- 领导是每个人的事。
- 信誉是领导的基石。
- 领导力是一组可以认识、观察、学习的行为和行动。
- 你已经在领导,只是还不够频繁。
- 领导力成就非凡。
- 你可以成就非凡。

下一章我们将阐释你如何赢得身边人的信任。我们将通过明确价值观,为他人树立榜样来展示如何践行以身作则。

读 书 笔 记

# 第 2 章
# 以身作则

艾琳·伯恩·麦克尔罗伊一直很忙。她在一家制造业公司从事业务发展和品牌管理工作，定期在美国中西部郊区农村的当地非营利组织和市民组织做志愿者，并享受与家人在一起的美好时光。但在 2020 年 3 月，由于新冠肺炎疫情，艾琳和她所在社区的所有人一样，被要求原地隔离。她发现自己很难待在家里无所作为。

作为一个与所在社区密切互动的人，这场新冠肺炎疫情让艾琳想知道当地企业如何应对，她担心照顾他人的一线员工的健康，他们无法就地隔离。她想要做点什么来帮助他们，她反思对她最重要的价值观："我思考了自己的核心价值观，对我的内心和思想进行了反思。"对她来说，她最重要的价值观是"服务他人"，除此之外，还有热情、亲切、感恩、连接、善良和与众不同。那么她如何在新冠肺炎疫情期间将这些价值观付诸实践呢？

艾琳认为可能有一种方法可以一举两得——帮助当地餐馆，同时为一线员工提供食物。她知道自己无法独自实现这一目标，于是她打电话给四位亲密的顾问和密友——罗德·克兰德尔、安妮·玛丽、布朗、德文·泰斯默和亚历山德拉·伊斯利——这些年来，她和他们一起参加了各种社区活动。她发现，虽然"我们在性格和专业才能上各不相同，但我知道他们心中有服务他人的领导力"。艾琳与他们有一组共同的价值观和信念，她想听听他们的建议，如何在疫情期间为他人服务。

从他们的交谈中，我们发现了一个词："简单的善举"——他们称之为"前线项目"。他们发起了"请帮助我"（GoFundMe）活动，团队通过社交媒体联系到社区成员，问他们："你喜欢当地的餐馆、咖啡馆和面包店吗？""你想要提升一线员工的战斗力吗？"艾琳和她的同事们检查了来自餐馆、面包店和其他食品服务公司的申请，并签署了为医院、紧急护理中心、疗养院/康复中心、药房和急救人员准备餐食的协议。艾琳是第一个捐款的人，她树立了榜样。

由于"就地隔离"的命令，艾琳利用了在线联系的力量来远程领导。她每周主持一次虚拟会议，协调送货、备餐、市场营销和公共关系等活动。她每天早上和晚上都会腾出专门的时间来工作，比如发布照片和评论项目产生的积极影响。她感谢了每一位捐赠者，并回复了社交媒体评论和直接来电，以及其他社区的人发来的电子邮件，告诉他们如何才能做好类似的事情。她与各种媒体的交流使得媒体报道了这个项目和被服务的人。艾琳还定期与她的合作者沟通，认可他们的领导力和他们所带来改变。

在"前线项目"实施过程中，艾琳和她的合作者都坚信他们可以"带来改变"。她说："如果你想产生影响，那是可能的。它源自你的内心，然后是一个外在的行动，并邀请其他人参与其中。如果你有帮助他人的想法，就去做吧……不管是什么，没有什么善举是不值得的，没有什么善举是不被认可的。"

"前线项目"成功地从542名当地居民那里筹集了5万多美元。40

家本地机构参与了餐食准备和送餐工作，8 130 名一线工作人员受益于这项餐饮服务。艾琳的案例表明，你不需要一个集中的、全国性的法令来成就非凡之事。一个人可以通过她的领导力带来改变，可以提高整个社区的精神和福祉。

艾琳告诉我们，她学到的最重要的领导经历是"以你的核心价值观为指导和引导。让你的思想、语言和行动与明确的目的保持一致，你将会得到前所未有的结果。你与谁交谈、与谁合作，以及你取得的成就都源于这些共同的原则。你所创造的一切都将与这些意图产生共鸣"。

像艾琳这样的领导者明白，你必须完全理解驱动你的行动的价值观、信念和假设。无论你在公司的哪个岗位，或者你在做什么，你都必须自由、诚实地选择你将用来指导自己行动的原则。在你能清晰地传达你的信息之前，你必须清楚你想要传达的信息。在你做你所说的之前，你必须明确你对自己所说的是认真的。然而，无论多么高尚，语言本身是不够的。你必须找到自己的声音，在行动中真实地传达你的信念，让它独一无二地代表你是谁，这样他人就会认识到说话的是你，而不是他人。

典范领导者是那些最频繁地践行以身作则的人。被请求参与 LPI 测评的同事和合作者，会对他们观察到的领导者践行以身作则的六项行为的频率进行评价。同侪也被请求参与对领导者的行为频率的评价。统计显示，当同事们指出领导者越频繁地践行这些领导行为时，他们的工作有效性也在增加。正如研究显示，像艾琳和其他领导者所经历的那样，你的领导之旅始于明确你的价值观。

## 明确你的价值观

请想一想，你最崇拜的一个历史人物是谁——一个你愿意追随的人？

在向世界各地成千上万的人提出这个问题后，最显著的特征是，人们最敬佩的历史上的领导者是那些对原则有坚定信念的人。最常被提到的领导者都有一组坚定不移地奉行的明确价值观。他们都对自己的事业充满热情。这些证据明确无误地显示：要成为人们愿意追随的领导者，就必须成为有原则的人。许多人在反思自己的最佳个人领导经历时，都与一家全国性金融服务公司的财富管理顾问艾伦·斯皮格尔曼的观点相一致："在你能成为他人的领导者之前，你需要清楚地知道自己是谁，以及自己的核心价值观是什么。一旦你知道了这一点，你就可以表达这些价值观，并与他人自如地分享它们。"

人们希望他们的领导者在价值观和良知问题上畅所欲言。然而，如果你不知道什么对你是重要的，什么是你深切关心的，你就不能说出来。要想有效地表达，就像艾伦所说的那样，你必须找到"你真实的声音"。赢得和维持个人信誉需要清楚地表达你内心深处的信念，就像负责地区分销公司战略规划的布伦达·阿霍所说的那样。她告诉我们，她希望她的同事和她6岁的儿子"把我当作一个领导者和榜样"。对她来说，这意味着要真诚，她说："这来自找到自己的声音，拥有自己的价值观，清楚自己是谁，什么对你来说最重要。当我们以真诚的姿态出现，将我们的行动与我们所信奉的价值观和理念联系起来时，我们就赢得了追随者的信任，这些最终决定了我们作为领导者的信誉。"

正如艾伦和布伦达所指出的，价值观是你的向导，是你的个人本色。它们为你提供了一个道德指南，引导你的日常生活。明确价值观对于区分前进的方向至关重要。你越清楚自己的价值观，就越容易坚持自己选择的道路。在困难和不确定的时候，你尤其需要价值观的指导。当每天都有挑战让你偏离轨道时，关键是要有一些路标告诉你在哪里，让你走在正确的道路上。

## 价值观是行动的指南

价值观决定你做什么和不做什么，帮助你知道什么时候该说"是"，什么时候该说"不是"，并让你认识到你为什么做出这样的选择。例如，如果你认为"激烈的辩论"可以激发思考和创造力，那么你应该知道，有人经常打断持不同观点的人提出的新想法，你该怎么办。如果你重视合作甚于个人成就，那么当你最有经验的同事不参加团队讨论会议，并拒绝与他人分享信息时，你就会知道该怎么做。如果你看重独立和积极主动而不是服从和顺从，那么当你认为某项政策是错误的时候，你就更有可能站出来挑战它。

LPI 数据显示，同事们在多大程度上认为一个人是卓有成效的领导者，取决于他们如何评价这个人的领导哲学的清晰度。对于那些通常被认为对自己的领导理念最为清楚的人来说，他们的同事和合作者对他们领导的有效性的评价是那些被认为模糊不清的人的近两倍。从上司的角度来看，也是同样的情况；也就是说，他们的上司认为，作为最卓有成效的领导者，他们肯定清楚他们的领导哲学。

## 探索你的内心世界

我们俩（两位作者）在谈论领导之旅的起点，我们有这样一段对话：

詹姆斯：我认为领导之旅始于不满——当你对现状和事情的发展方式感到不满时。

巴里：没错，但我感觉这说得太严重了。我认为领导之旅实际上始于关爱他人。你到底在乎什么，能不能做得更好？

詹姆斯：好吧，那我们就查查字典里"关爱他人"（Care）这个词。

我们从书架上拿来一本词典并打开。第一个意思是："心灵的痛苦：

悲痛，悲伤。"实际上，痛苦和关爱，不满和关心，都来自同一个词根。当我们珍视某样东西时，我们愿意忍受艰难险阻来保护和维持它。真正检验我们是否在乎的是我们是否愿意为此付出代价。

随着时间的推移，我们意识到我们俩都在说：**领导之旅始于那些让你真正在意的东西**。有些事情明明很困难，但你有足够的理由去做。找到你的声音需要你探索自己的内心世界，去发现那个真正在意的"东西"是什么。你必须进行一次深入内心和灵魂的旅程来找到你的价值观。你必须在你的内心深处进行足够长时间的斗争，才能确定什么对你真正重要，什么是你的选择、你设定的界限和标准，以及什么激发你采取你所做的行动。

约翰·罗宾斯是畅销书《新美国的饮食》(*Diet for a New America*)的作者，他花了十年的时间来理解和鉴别营养、环境保护主义和动物权利之间的关系，最终写出了这本书。约翰告诉我们："活出你的心声，说出你认为真正重要的事情。我们大多数人没有太多的机会表明自己的立场——无论是看得见的，还是看不见的。但我的感受是，你需要接受它，不管它是否被看到，不管它是否被认可，不管它是被欢呼还是被嘲笑。你这样做是因为发自内心，因为这样做可以让你做真实的自己。"

只有当你遵循对你最重要的价值观来领导他人时，你才能成为真正的自己。否则，你只是在装腔作势。如果你自己都不在乎，又怎么能指望他人在乎？事实上，第一个必须追随你的人是你自己！要领导他人，你首先要做到相信自己。如果你不相信自己，他人就不会相信你或对你有信心，因此，他们也不会心甘情愿地追随你的领导。一位跨国信息技术公司的领导者苏玛雅·萨基尔告诉我们，她曾经"质疑自己代表什么，对我来说，什么是重要的，我的工作方法是什么，我要和同事们沟通什么，我的期望是什么。我必须首先了解并相信自己。我的脑海里突然出现了很多东西，但我必须专注于我想要表达的核心价值观"。

从新冠肺炎疫情和与乔治·弗洛伊德之死相关的社会动荡中得到的最重要的经历之一是——挑战、困难和逆境使人们直面自己。诚然,这是以一种相当严苛的方式来提醒人们什么是最重要的,什么是最宝贵的。价值观为人们每天有意识或无意识地做出的数百个决策设定了参数。人们的表现和最优雅地处理压力的能力直接关系到他们的价值观和行动之间的一致性。当面对不确定性时,你的价值观就是指南针,一个内心的真北,即使前方的道路是模糊的,它也会指引你前进。

**你所做的所有最关键的决策都涉及价值观。** 例如,价值观决定了在多大程度上重视客户的当下需求或公司的长期利益,如何在家庭和公司责任之间分配时间,或者在新冠肺炎疫情期间多久能和家人聚在一起。当你清楚了自己的价值观,你就能更好地根据原则,而不是凭一时的冲动、流行趋势和当下的压力做出选择。

## 找到你的声音

找到你的声音意味着你必须找到你所关心的是什么,什么定义了你,什么造就了你。当保罗·迪·巴里在工程服务集团的运营部门承担一项新任务,即维护一个医疗保健系统的约 20.5 万平方米设施的安全责任时,他意识到了这一点。新的任务将需要比过去更加精细的注意力。他知道在与各种技术人员和承包商会面时,他需要准备好"清楚地阐释自己的价值观、管理风格和期望"。在项目的开始,保罗阐述了他的价值观和标准,建立了绩效和责任的界限。因为保罗对自己的价值观很清楚,所以他发现谈论自己的价值观,使得后来在制定工作标准和期望时相对容易。

保罗的经历表明,价值观是一种指引,你和你身边的人对价值观越清楚,就越容易承诺坚持所选择的道路。有了清晰的个人价值观并且说出这些价值观,你就能更好地表达自己,这样每个人都知道你的立场,

都知道是你在说话。小说家安妮·拉莫特在她的课堂上给那些想成为作家的人以下建议,这些建议对领导者也很有意义:

> 你经历的事只能通过你的声音来表达。如果它被包裹在他人的声音里,你的读者就会怀疑,就好像你穿着他人的衣服。你不可能写出他人的隐私,你只能写你自己的。有时穿上他人的衣服看起来非常漂亮,它可以让你放松,让你融入语言、节奏。但你所表达的将是一个抽象概念,因为它不是从你的直接经历中产生的;当你试图从他人的声音中或者按照那个人的方式来体验你的真实经历时,你就离你所看到的和所知道的事实又远了一步。

你不能通过他人的价值观、语言或经历来领导他人。除非它们是你的价值观、语言和经历,否则那就不是真实的你。如果你不真实,你还能指望他人尊重你吗?人们不会追随你的表演。他们追随的是你这个人,**你传达的信息,你是你传达的信息的化身**。作为领导者,你必须面对这个核心问题。你不必模仿他人,不必读他人写的剧本,不必穿他人的衣服。相反,你可以自由选择你想要表达的东西和表达的方式。研究一再证明,领导者对一系列核心价值观的明确和承诺与他们成功的可能性之间存在着重要的关系。

你能做些什么来改进你的语言,因为语言很重要!它不仅是诗人、歌手和作家的一种表达形式,也是领导者的一种表达形式。语言传递信息,这是"争论"还是"不同意"?当你说某物"热"的时候,你是指温度、辛辣味还是关联性?你会把你的工作场所称为战区、贫瘠的沙漠、高压锅或热带岛屿吗?

帕纳夫·夏尔马是一个全国性组织的志愿者,该组织与那些没有创意艺术项目的公立学校的五年级学生合作。当看到学生似乎没有进步时，他感到很沮丧，失去了工作的动力。毫不奇怪，他感觉他指导的那个学生也深感挫败。为了给自己重新注入动力，他告诉我们，他必须提醒自己当初加入这个组织的初心，并通过和这位学生谈论她的兴趣，以及她对他的期望来与她建立合作关系。通过这种反思，帕纳夫意识到，他要给这个学生留下不可磨灭的印象，他需要找到自己的声音。"找到自己的声音并不容易。"帕纳夫解释道，在与这位学生交谈时，他让她主导这次对话。"一开始很困难，但她眼中的热情鼓励我继续寻找她的声音和语言。结果这个声音是做一个快乐的孩子。"在项目结束时，孩子给了他"一张非常有创意的感谢卡，说我是她遇到的最好的导师"。

就像帕纳夫逐渐意识到的那样，清晰的价值观有助于你表达自己，说出你想说的话，让他人认为你是对的。这种体验与买衣服没什么不同。你可以从窗户里看那些看起来不错的衣服，但是在购买之前你会想要试穿。否则，它们就会被藏起来，因为当你和其他人在一起的时候，它们让你感觉不舒服，或者让你感觉不像自己。

## 明确共同的价值观

明确个人价值观是领导之旅的重要一步。然而，领导者不仅仅支持自己的价值观。真正的领导者也代表着团队成员的共同价值观。要成为一名典范领导者，你必须跨越从"我相信什么"到"我们相信什么"的鸿沟。当人们相信你、你的价值观和公司的价值观是一致的时候，人们会更加忠诚和投入。当人们感到他们与同事有共同的价值观时，沟通的质量和准确性，以及决策过程的完整性就会提高。这正是乔伊斯·谭从她的个人最佳领导经历中学到的，她是一家全球生物制药公司律师团队的一员，该团队为合同执行创建了更精简的流程。虽然她的角色是合法经营分析师，但她解释说，因为她和她的"同事们有着相同的价值观，并尽最大努力遵守这些原则，这让我们更容易一起工作，实现我们的目标"。

找到和明确共同的价值观是建立富有成效和真正的工作关系的基础。在尊重多元化的同时，你仍然会发现人际关系的基础是建立在共同的价值观之上的。让每个人对每件事都保持一致既不现实，也没有必要。此外，实现这一目标将否定包容性的优势。然而，在前进的过程中，先迈出第一步，然后是第二步、第三步，人们必须有一些共同的核心共识。如果在基本价值观上的分歧持续下去，结果就是激烈的冲突、错误的期望和削弱的能力。

房地产经纪人凯西·王还发现，分享她的个人价值观和工作价值观可以为交谈创造积极和富有成效的氛围。客户、放款人、委托管理人和其他各方要了解她的目标是什么，以及在和她一起工作时，他们能期待什么。"我发现，分享我的价值观是非常强有力的，"她说，"因为当我的价值观与客户的价值观相一致时，就建立了相互信任的基础，从而使得要求高、有时甚至是乏味的交易更加顺畅地进行。"

明确共同的价值观为如何做出关键决策的沟通提供了一种共同的语言和框架。研究清楚地表明，个人、团体和机构的价值观的协同会产生巨大的力量。价值观的一致将增强承诺、热情和动力。让人们有理由关心他们的工作，当人们关心他们正在做的事情时，他们会更有效和更加满意。他们会经历较少的压力和紧张。共同的价值观也使人们能够既独立，又相互依赖地合作。

乔伊斯和凯西的经历表明，你必须让人们参与到对关键价值观的识别、澄清和达成共识的过程中。统一的声音从发现和对话中产生。你必须为与你一起工作的人提供机会，让他们讨论价值观的意义，以及他们的个人信念和行为如何受到价值观的影响，并如何与价值观保持一致。请为你的团队、部门或项目在新员工招聘、选拔和新人入职时介绍好价值观和期望做好准备。团结是自然形成的，不是强迫出来的。

## 榜样引领

重要的是，领导者要坦诚地阐明自己的原则，并找到与同事和工作团队一致的价值观。但仅有语言是不够的。领导力是价值观在行动中的体现。领导者在他们的行为、所做的每个决策和为展望未来所采取的每一个行动中，都在践行个人的价值观和共同的价值观。领导者明白，他们在不同的场合——部门会议、一对一的讨论、推特、电子邮件、社交媒体、休息和吃饭时的对话，以及与供应商、服务商、顾客、客户、赞助人的交谈等场景都在践行价值观。在 LPI 数据中发现了统计学上的显著相关性，即一个被同事视为榜样的人践行领导行为的频率，与他们的同事在多大程度上感觉自己受到重视，并相信他们把他人的最大利益放在心上的相关性。

当你以榜样引领时——当你的行为与你的语言和信奉的价值观一致时——人们会认为你是可信的。在我们关于领导者的信誉的研究中，我们让人们回答这样一个问题："一个人如何证明自己是可信的？"世界各地成千上万的人给了我们基本相同的答案。不管他们怎么说，他们的回答都可以归结为："领导者说到做到。"

在判断一个领导者是否可信时，人们先听他说什么，然后再看他做什么。他们听他讲话，然后看他是否言行一致。他们倾听他的承诺，然后寻找他践行承诺的证据。当一个人言行一致时，他人所做出的判断就是他是"可信的"。当人们看到言行不一致时，他们会认为，往好了说就是你不可靠，往坏了说就是你是一个彻头彻尾的伪君子。"**信誉是成功的关键，**"这是乔伊斯·谭在她的个人最佳经历中学到的，"如果我说我要交付某个东西，那么我必须交付，否则我最终会破坏人们对我的信任。"LPI 数据显示，经常遵守承诺对领导者有效性的评价产生了巨大的影响。如图 2 所示，91% 的同事强烈认为那些总是"说到做到"的人是典范领导者。相比之下，只有不到 1% 的人强烈认为那些只是偶尔（或很少）遵守承诺的人是有效的。

你可以采取一些重要的行动来证明你们有共同的价值观，你认真对待它们，你对自己和他人负责。这包括你如何分配时间、关注什么、如何处理关键事件、讲述的故事、使用的语言、提出的问题，以及对反馈的接受程度。

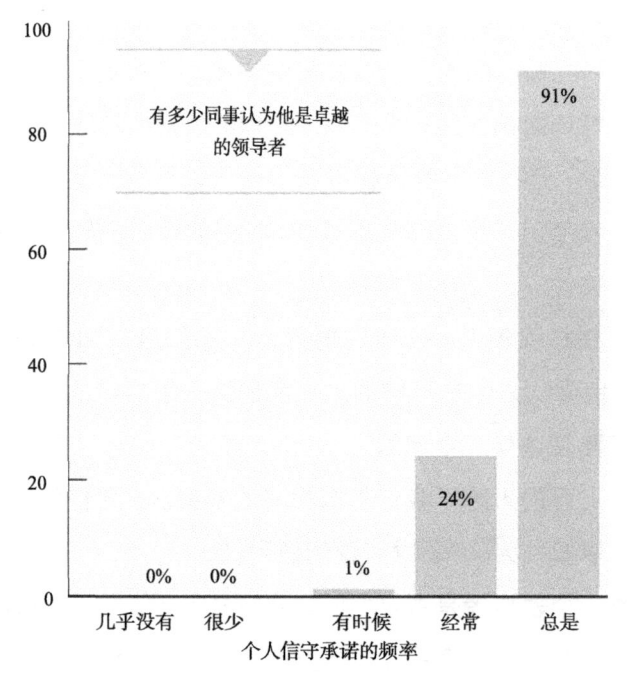

```
有多少同事认为他是卓越的领导者

100 |                                              
    |                                           91%
 80 |                                        ┌──┐
    |                                        │  │
 60 |                                        │  │
    |                                        │  │
 40 |                                        │  │
    |                                 24%    │  │
 20 |                               ┌──┐     │  │
    |   0%    0%    1%             │  │     │  │
  0 └───────────────────────────────────────────
     几乎没有 很少  有时候  经常   总是
              个人信守承诺的频率
```

图 2　只有那些总是信守承诺的人才被认为是典范领导者

## 明智地安排时间和注意力

如何安排时间最准确地显示了什么对你最重要。你把时间花在了什么事情上，在什么地点工作，和谁在一起，这些都能告诉他人，你关注的重点是什么，以及你关心什么。无论你的价值观是什么，如果要让人相信它们很重要，它们就必须出现在你的日程表上。

格雷格·米尔斯是一家手机游戏公司的首席执行官，他在工作中继续运用自己在高中玩水球时的个人最佳领导经历中所学到的洞见。他告诉我们，尽管他非常积极地参加比赛，但他必须不断提醒自己这是一项团队运动："我可以为自己设定高标准，但我不能把我的标准强加给其他球员。"他不是球队的队长，但他决定通过为队友树立榜样来展示他的奉献精神。虽然每个运动员都被要求参加每次训练并认真练习，但格雷格以身作则，不仅参加每次训练，而且刻苦训练，通常是最后一个完成训练并离开泳池的人。正如他说的那样："如果我告诉人们去参加全部的训练，而我每周总是缺席几次，他们就不会听我的。他们对我的信任就会减弱。"

树立榜样通常意味着要做和格雷格一样的事——早到、晚走、努力工作，并在工作中表现出你的关心，要求他人重视和做到之前，你要第一个做到。不管你的价值观是关于家庭、团队合作、努力工作的，还是娱乐的，衡量你内心信念的最真实的标准是你如何利用时间。追随者用时间来判断领导者是否值得追随。在重要的事情上花时间就意味着你在"说到做到"。

日程安排从来不会撒谎，它会告诉人们你如何安排你的时间，以及这个时间分配如何与你的价值观和优先事项相一致，或者不一致。时间是有限的，所以，你必须确保分配时间的方式与所说的重要的事情是一致的，与你和你的同事认同的优先事项是一致的。

## 把关键事件变成学习的机会

选择把时间花在核心价值观的践行上是非常重要的，它可以向人们发出这样的信号：你是认真对待这些价值观的。然而，你不能计划一天中的所有事项。即使最自律的领导者，也会遇到众所周知的"突发事件"。

突发事件的出现——尤其是在面临压力和挑战的时候，可以成为你为他人树立榜样，并教导他们正确的行为规范的宝贵机会。突发事件给领导者提供了即兴发挥的机会，同时保持了真实性。它们不能被计划。然而，你处理这些事件的方式——你如何将行动和决策与共同的价值观联系起来——足以说明什么是当务之急。

例如，珍妮弗·德兰发现，成为团队的一员并不意味着每个人都有相同的价值观优先级。在为一家全球在线支付公司开发一个新技术项目时，她发现了文件中的问题，需要进一步研究。该项目将对消费者购物的支付方式产生重大影响。团队的文件管理人员已经对该文件审核了好几次，并且犹豫是否要再次审查。珍妮弗表示反对，并提醒她的团队成员，项目有可能无法创造"良好的用户体验"——这是她们公司所有团队成员共同的核心价值观。这时，文件管理人员重新考虑了一下，团队成员想出了一个让每个人都满意的解决方案。"我支持这种共同价值观，"珍妮弗告诉我们，"这有助于缓解潜在的冲突，并鼓励更大的团队合作。"对珍妮弗来说，这种情况不仅仅是另一个需要处理的问题，也是一个领导机会，提醒她的同事们遵守她们共同的价值观的重要性。

突发事件往往是最重要的实践经历的来源，告诉人们应该做什么，不应该做什么。突发事件为你提供了把你的价值观摆在桌面上的机会，这样你们就可以增强共同工作的基础。通过站出来面对这种情况，你就能清楚地知道如何践行共同的价值观。你为根据价值观采取行动的意义树立了榜样。在逆境中坚持这些指导原则，表明共同的价值观需要相互承诺，言行一致。你还创造了可以传授的时刻，告诉他们如何以符合共同价值观的方式解决问题和争端。正如珍妮弗所做的那样，记住，你处理这些事件的方式会让你和你的同事明白什么是最重要的。

## 讲述故事可以强化价值观和密切连接行动

故事是一个强大的工具，可以让人们注意到什么是重要的，什么是不重要的，什么是有效的，什么是无效的，什么是可行的，什么是可能的。宝洁公司前消费者与沟通总监、《通过讲故事来领导》(Lead with a Story)一书的作者保罗·史密斯解释说，讲故事之所以如此重要，是因为"你不能命令人们'更有创造力''更有动力''开始热爱你的工作'"，"人类的大脑不是这样工作的。但你可以用一个好故事把他们吸引过来"。他指出，你甚至不能成功地命令人们"遵守规则"，因为没有人喜欢阅读规则手册。然而，"人们喜欢听到一个男人违反规则而被解雇，或者一个女人因遵守规则而获得加薪的好故事"。无论如何，这比阅读规则手册更有效。

在当今的企业中，人们似乎痴迷于 PPT 演示文稿、复杂的图表和冗长的报告，讲故事似乎是解决难题的一种软方法。但研究显示了一些完全不同的事情。请想一想，如果你正试图沟通组织的价值观，以下哪个会有更大的影响：一个是阅读政策声明，"你要为我们的客户提供及时服务"，或 IT 部门的一个同事接受了马上到客户站点处理服务器问题的挑战？同样，以下哪种更有说服力：是看关于刑事律师经历多少压力的统计数据，还是听一个当地检察官自杀的故事？你会相信一个同事说的关于确保在线系统的重要性的描述，还是愿意听到一个同事在周末加班来确保断电后仍在提供客户服务的故事？

如果你在这些案例中都回答了"故事"，那么你的答案与数据是一致的。事实上，当信息第一次以案例或故事的形式呈现时，记忆起来更快、更准确，尤其是与事实、数据和正式的政策声明相比。比起视频、屏幕分享、海报、横幅、标语、政策公告等，故事更能实现教学、动员和激励的目标。讲得好的故事能深入人们的内心，并推动他们前进。

讲故事是一种非常有效的领导行为，因为故事通常简单、直接、不受时间影响，并且能够吸引大多数人——不分年龄、性别、种族。故事通常都很有趣，是一种很好的激发方式，让员工成为榜样，也是一种传承组织传统、强化核心价值观的有效方式。故事就像一幅心理地图，帮助人们把重要的事情——他们努力的目的和价值——联系起来，并在特定的情境下将这些事情付诸实践。当人们听到与自己相似的人如何践行价值观的故事时，他们更有可能看到自己也在这么做。

培养讲故事的能力还有另一个好处。它促使你密切关注身边发生的事情。当人们听到你讲述他们的故事时，他们会意识到你在关注他们；当你讲述一个他们能认同的人的故事时，人们就能更好地想象自己采取类似的行动。此外，人们很少会厌倦听到自己和认识的人的故事，尽管都是重复的故事。

### 注意你的语言

你使用的语言表达了你的心态和信念。它们还能唤起你渴望创造的形象，以及期望他人如何表现。你选择的语言会对他人如何看待你和身边的人，以及你所分享的事情产生巨大的影响。

大量研究已经证明了语言在塑造思想和行为方面的力量。某个人的几句话就能改变他人表达的信念。一名非裔美国学生收到了公开的恐吓信，这一事件引发了一项研究。研究人员随机地让该学校的学生在校园内走动，并询问他们对此事的看法。在学生回答之前，一个研究人员就会上来回答："嗯，他一定是做了什么才得到这个报应的。"正如你所预料的，第一个学生的反应往往是模仿那个研究人员的反应。然后，研究人员让另一名学生停下来，问了同样的问题，但这次该研究人员给出了另一种回答，比如"我们的校园里不允许这种行为存在"。被问到的学生又重复了该研究人员的回答。

这个经典的研究说明了语言是如何影响人们对身边发生的事情的反应的。语言有助于人们建立认识世界观的框架，所以你需要注意你的语言。当在学校因为使用了一个不恰当的用词而被教师责骂时，"注意你的语言"有了一个全新的含义。现在，它是在为他人树立榜样，告诉他人你的语言如何构建思考和谈论想法的环境，以及如何将注意力集中在价值观上面。想想把"我不得不做这件事"改成"我自愿选择做这件事"的影响。显然，后者会让你掌握主动，激发你勇于担责。

例如，在一个有趣的语言对人的影响的实验中，研究人员告诉参与者，他们在玩社区游戏或华尔街游戏，人们玩相同的游戏，唯一的区别是实验者给这个游戏取了两个不同的名字。在那些被告知玩社区游戏的玩家中，70%的人从一开始就以合作的方式玩游戏，并且一直如此。而那些被告知在玩华尔街游戏的人，情况恰恰相反：70%的人不合作；而那30%的合作的人，当看到其他人不合作时，也停止了合作。再次提醒，唯一不同的是游戏名称，而不是游戏本身！

这些实验有力地证明了为什么你必须密切注意你所使用的语言。你可以通过任务或团队的不同命名来影响人们的行为，这个名字暗示了某种行为。如果你想让人们像一个团队一样行动，就使用能唤起团队感觉的语言。想让人们表现得像一个社区的公众，那么你就必须用相应的方式来谈论他们，而不是把他们当作下属。如果你想让人们欣赏组织的多样性，你就需要使用包容性的语言。如果你想让人们有创造力，你就必须使用能激发想象力、好奇心、探索和发现的词汇。"梦想成真"是他们的口头禅。索菲·迪恩不仅在她的个人最佳领导经历中讲到了这一点，而且在她负责的营销沟通方面，同事们也描述了她是如何应对具有挑战性的情况的。她最喜欢的一句话是："我相信你行。"索菲认为项目的成功归功于"我们团队的团结和对彼此的信任"。

## 大多数人都是组织语言的"囚徒"

　　如果你不同意，请尝试用一天的时间谈论组织里的人，不要使用员工、经理、老板、主管、职员、下属等语言。索菲向我们讲述了她在职业生涯早期的另一段经历，她在一位亲密朋友创业时主动贡献了大量的时间。严格来说，她是一名员工，每周工作 10~15 小时，但索菲解释说："我经常在深夜和周末与她通电话，或者在她家里讨论创办企业、改进流程或制订新计划的细节。"为了帮助朋友，她可能需要花数千小时的闲暇时间。她很高兴，甚至很激动能够帮助一个她认为是好朋友的人。朋友的使命就是她的使命，她真的在为朋友的事业做出改变。有一天，这一切都改变了，她的朋友称索菲为自己的"员工"。对索菲来说，这就像灯泡被点亮了。"我在做什么，"她想，"花这么多空闲时间去帮助一个只把我当作雇工而不是珍视的朋友的人？"她崩溃了。她很快停止了帮朋友工作，把时间花在了其他项目上，并感到完全没有动力继续为朋友工作。一个词彻底改变了人们之间的关系。语言很容易让你和他人陷入对角色和关系的另一种思考中。

　　语言清楚地表达了词语字面意思之外的信息。在《语言能改变你的大脑》(*Words Can Change Your Brain*) 一书中，两位作者指出："一个词就能影响调节身体和情绪压力的基因的表现。"积极的词汇可以强化大脑前额叶区域的功能，促进大脑的认知功能，增强韧性。相反，敌对的、愤怒的话语会向大脑发出警报信号，以保护大脑免受伤害，并部分关闭大脑中的逻辑和推理功能。

　　你使用的语言会影响你和他人看待和回应问题的方式。语言帮助人们建立思考和谈论事件、想法的背景。同样，你提出的问题和议题让人们关注你信奉的价值观和践行的价值观之间的联系或差距。

## 提出有意义的问题

在日常生活中,你可能问很多问题。更有可能的是,这些问题的大多数都是为了收集更多的信息、澄清信息,或者对你收到的信息有更好的理解。然而,从领导的角度来看,你提出的问题要比这更有意义。措辞得体的问题为教导和强化组织的共同价值观提供了机会。问题是衡量你对所信奉价值观的认真程度的又一个标准,问题的实质揭示了值得关注的价值观和需要投入的精力的关系。

你提出的问题应该让人们在他们的头脑中踏上这样的旅程——探索什么对他、团队和组织是重要的。提出好的领导力问题的关键是首先考虑你的提问中的"任务":你想把这个人(或团队、单位、组织)带到哪里?你想通过问题来强化什么价值观?你希望人们思考什么价值观、观点和原则?

请思考一下,你在会议、一对一谈话、电话和面试中提出的典型问题,它们在多大程度上有助于澄清和赢得对集体价值观的承诺?如果这些问题只是发挥了一点作用,那么,你可以做什么来提高它们的效果呢?你可以用什么来证明你所做的决策符合价值观?如果想让人们关注诚信、信任、客户满意度、质量、创新、增长、安全或个人责任等价值观,你可以提出什么问题?如果价值观是创新,你会问什么?你今天听到的最有创意的想法是什么?或者,你最好的建议是什么?你今天收到了哪些客户关于我们改进产品和服务的反馈?如果竞争对手要把我们赶出这个行业,他们会利用我们的哪些弱点?

你要提出一组可预见的问题,帮助人们反思核心价值观,以及他们每天都做了什么和可以做什么来践行这些价值观。此外,你提出的问题应该是人们希望你提出的,他们不应该感到惊讶。为什么?因为你想让他们在你问他们之前好好思考这些问题。你希望人们经常问自己这些问题，当下次见到他们时，会期待他们的答案。人们常说："即使领导者不在，也仿佛他们在一样。"在新冠肺炎疫情期间，有很多人居家隔离，远程工作，他们彼此保持联系的方式是思考如果他们面对面地工作，同事和朋友会提出的问题。同理，在采取行动之前，一个简单的道德检验就是问自己："我的父母会怎么看这个决策？"因为它们存在于你的内心和头脑中，虽然不是实际存在的，但它们会持续影响你的思考和选择。

在某种程度上，你提出的问题都是同一个价值观的不同体现：我们要做什么来践行我们的价值观？关键不是提出反问句（那些有明显答案或回应的问题），而是让人们思考他们的行为如何与共同的价值观相一致。你的问题有助于他人集中注意力，并把注意力放在真正重要的事情上。

提出问题还有额外的好处。首先，它促进了与你共事的人的发展，帮助他们摆脱了思维模式的局限；帮助他们拓宽了视野，并促使他们对自己的观点负责。提出相关的问题也能促使你认真倾听他人在说什么，并表明你尊重他们的想法和意见。此外，如果你真的对他人的想法感兴趣，那么你需要询问他们的意见，尤其是在给出你的意见之前。提出一个关于他人是怎么想的简单的问题，有助于促进大家参与决策，增加对决策的支持。马克·林斯基从一家高科技公司提前退休后，以"超级"志愿者的身份找到了第二职业（例如，为 Rotary International 组织、青年成就组织和美国青年橄榄球组织工作）。他告诉我们他是如何认识到没有"愚蠢"的问题的："经常问一些看起来很愚蠢的问题会带来很好的学习。不要担心被他人认为你对每件事都没有百分百的了解！如果你表达出一种不确定感，比如'我曾经想过……''我想知道为什么或者是否……'，那么你就更有机会去提升每个人的想法。"

研究发现，大多数人提出的问题都不够多。研究人员建议，如果提出更多的问题，你的情商就会提高，也会让你成为一个更好的提问者。虽然不是所有的问题都同等重要，但那些需要更多信息的问题具有特别的力量。在谈话中跟进问题表明你"在倾听、关心并想知道更多"。与提出很多持续问题的伙伴互动的人往往会感到被尊重和倾听。

研究还表明，提出问题和受人喜欢之间有着牢固而一致的关系，提出更多问题的人更受谈话对象的喜欢。当人们被要求在谈话中提出更多的问题时，他们被认为共情能力更高。在没有明确告知的情况下，跟进问题比其他类型的问题使用得更多。一项针对 50 多万个企业对企业销售对话（通过电话和在线平台）的研究表明，销售人员提出的问题数量与其销售转化率之间存在显著的正相关关系。

最后，虽然这似乎有悖直觉，但人们认为那些提出问题的人比那些不提出问题、不征求他人意见的人更聪明、更有趣。当你征求他人的意见并尊重他们的能力时，他们会感觉很好。人们还报告说，他们通常会向经常寻求建议的人去寻求建议。当然，你不仅需要倾听他们的回答，还必须开放，在随后的决策中认真考虑他们的反馈。真诚是提问的基础。

## 寻求反馈

如果你从来没有收到过关于你的行为的反馈，你怎么知道你在做你所说的——信誉的行为定义？如果你不知道他人在多大程度上认为你言行一致，你怎么能确定你是言行一致的呢？反馈会给你一个只有他人才能看到的你的视角。有了他们的反馈，你就有机会做出改进。

亚历克斯·戈尔卡在讲述他的个人最佳领导经历时，分享了他是如何从中吸取经验教训的。刚开始，他的同事们在任务分配和团队项目预期结果方面几乎没有达成一致意见，有很多的内斗，"我们每个人都对彼此有意见"。亚历克斯告诉我们，他"被迫找到自己的声音，并作为我希望我的团队成员效仿的价值观的榜样"。当团队解决了这些问题并建立起相互尊重之后，亚历克斯问他的同事们对于他在这个项目中的角色是否有反馈："我意识到一个好的领导者在给他人提出反馈的同时，也需要接受他人的反馈。"在他的带领下,团队成员开始转向亚历克斯,询问他对团队进展情况的看法,以及他们如何才能在项目中更有效地合作。每当出现分歧时,亚历克斯就会说:"我们彼此建立一个非正式的反馈系统,以确保我们不会回到无效的争论中。"

虽然亚历克斯和他的同事在给予和接受反馈方面有积极的经历,但 LPI 数据显示,**积极寻求反馈是最不常见的领导者行为**。这是因为反馈过程在人类的两种基本需求之间制造了紧张关系:学习和成长的需求与接受我们本来的样子的需求。即使看似温和的、礼貌的或相对无害的建议也会让你感到愤怒、焦虑或被威胁。大多数人不主动寻求反馈的另一个原因是他们害怕感受到自己不完美,不了解全部情况,不能完全胜任工作。

尽管有些情绪和心理的压力,但没有其他办法帮你获得事实,虽然你可能并不总是像你收到的反馈那样,但这是唯一的办法,你可以真的知道你在做什么,可以学习变得更好。好消息是,研究人员发现,那些寻求负向反馈(与他们的自我认知相反的反馈)的人比那些只听正向反馈的人表现得更好。"意识到自己的弱点和缺点,"他们说,"不管你喜不喜欢,这是提高的关键。"马克·林斯基告诉我们,无论是作为一名工程师,还是在他的各种志愿者角色中,他总是把反馈视为一种礼物。"就像任何礼物一样,"他说,"你可以选择怎么使用它:留着,扔掉,或者以后再用,等等。就像礼物一样,你应该假设反馈是带有你想要的价值的。"

**自我反思,寻求反馈的意愿和基于反馈的行为改善**可以预见一个领导者未来的成功。如果你不愿意更多地了解你的行为对身边人的表现的影响,你就不可能学到更多。自我觉察是个人幸福和职业成功的重要因素。没有它,你就可以在人际关系和经历中穿梭,与他人如何接受和感知你无关,而且常常对你为什么没有得到期望的积极影响一无所知。

另外，大多数人都不习惯提供反馈，即使在他人请求的时候。除非主动询问，否则人们不太可能告诉你他们的真实想法。你可以请求反馈，但你不能要求反馈。然而，研究人员发现，通常的反馈往往太过模糊，以至于没有帮助，因为反馈没有提出你应该做什么来改进（这大概是首先寻求反馈的原因）。解决方案是什么呢？寻求改进建议。例如，与其问"我在那次会议上表现如何？"，不如说"我正在努力改进的一个方面就是鼓励他人说出想法。今天开会的时候我试着这么做了。你感觉怎么样？我还可以做些什么？"。在一系列实验中，研究人员发现"人们在寻求建议时获得的信息比要求反馈更有效"。与那些被要求提供反馈意见的人相比，那些被要求提供建议的人提出了34%的需要改进的地方和56%的需要改进的方法。反馈往往与"被评估"联系在一起，并关注已经发生的事情。当被要求提供建议时，人们较少地关注评价，而是更多地对未来可能采取的行动提出建议。你还会发现，反馈越频繁地成为日常对话的一部分，就越容易听到反馈，也越容易以建设性的方式处理反馈，尤其是当涉及的每个人都有着相似的价值观和抱负时。关键是不要先追究责任，而是弄清发生了什么事情，以及"我们能从中学到什么"。这样，任何已经发生的问题、错误、误解等就可能不会再发生了。但是，要记住，如果你对收到的反馈置之不理，人们就不会再给你反馈了。他们很容易相信你很傲慢，你自认比其他人都聪明，或者你不在乎他人说什么。这两种结果都会严重损害你作为领导者的信誉和有效性。最后，让人们更容易给你反馈的一个附带好处是，你的案例增加了人们接受你诚实反馈的可能性。当然，你必须真诚地渴望改进，并表明你想要知道他人怎么看你。

## 以身作则的行动指南

要成为典范领导者，你必须采取的第一步行动是向内探索，去发现和确认你的个人价值观和信念。在寻找自己的声音的过程中，你会发现那些指导你的决策和行动的原则，你会提升以独特的方式表达"我是谁"的能力。然而，领导力不仅仅关乎你的价值观。正如你的价值观驱动你的行动承诺一样，你的追随者的价值观也驱动着他们的行动承诺。成功地领导他人需要理解和明确共同的价值观——那些能够激发和增强集体承诺的原则。

树立榜样就是你如何展示所说的话的含义，以及在组织中的含义。榜样示范是让你的愿景和价值观变得可见。言出必行，言行一致是你和你的团队建立信誉的重要方式，也是检验人们是否相信你所说的话的终极标准。你通过每时每刻、每个行动来赢得个人的信誉。你如何分配时间，你关注什么，你处理关键事件的方式，你讲述的故事，你所使用的语言，你所提出的问题，以及你如何接受他人的反馈，都在证明你是"认真的"，值得他人听从和追随。

在下一章，我们将阐述如何创造长期的意义感和使命感。我们将探讨如何通过展望未来和感召他人来共启愿景。

以下是两个行动建议，可以不断增强你践行以身作则的能力。

**明确价值观**。虽然你可能思考过你的价值观和你的领导力定义，你可能还在努力简明地阐述你的领导哲学，谈论对你来说很重要的价值观。但请记住，领导是一段旅程，而不是终点——当你经历新的事情，吸收新的信息，增强作为领导者的信心时，你的领导哲学也会发生变化，也会变得成熟。定期反思和重新审视你的价值观和信念，问问自己在领导中所面临的挑战是什么。你最近经历或观察到什么，它们如何影响了你对领导力的看法，以及你作为领导者的目标是否因此而改变。不要让你的领导哲学只停留在口头。要确保它与你是谁及你正在做什么联系起来。

**树立榜样**。不管你说什么，或者你要求他人怎么做，你的行动总是最真实地显示了你的优先事项和标准。你必须言行一致。在询问他人之前，先问问自己：我愿意或者已经这样做了吗？要不断地评估你的价值观与你的期望和行动是否一致。在每一天结束的时候，问自己三个问题：

- 我今天做了哪些事情来证明我对共同价值观的承诺？
- 我今天做了什么，即使在无意中，也可能表明我缺乏承诺？
- 我明天能做些什么来树立践行价值观的榜样？

向值得信赖的同事征求他对你的问题的反馈，以证明你正在做你说的将会做的事情。

读 书 笔 记

# 第 3 章
# 共启愿景

一天深夜，黛安·格林经历了令人困惑的"顿悟时刻"。"我活在他人的梦里！"黛安最近刚刚从漫长的公立教育生涯中退休，她在一家儿童教育出版社担任课程开发人员。这份工作很重要，她为此付出了很多，但对她个人来说并没有什么意义。于是，她问了自己一个尖锐的问题："我的梦想是什么？"在内心挣扎着寻找答案的过程中，她找到了一条新路："我想继续促进人们的教育和学习，但要以一种创新的方式。"那么，她要怎样做才能梦想成真呢？

多年来，黛安在暑假期间参加了许多志愿者项目，其中大多数都是围绕发展中国家的少儿教育的。她特别感受到了来自尼泊尔的召唤，在那里，她曾经花了一个夏天的时间与尼泊尔志愿者行动执行董事布皮·吉米尔一起工作。黛安决定联系一下她的老朋友，看看她的愿望和他的愿望是否能以对他们两人都有意义的方式结合在一起。

时机很巧，布皮正打算把尼泊尔志愿者行动带到尼泊尔的奥卡尔洪加区，他本人就是在那里长大的。这是一个欠发达地区，远离旅游路线，当地居民依靠自给农业和物物交换为生，基本没有教育或其他公共服务设施。布皮问她："你为什么不来尼泊尔帮我们做这件事呢？"黛安飞到那里，准备充分利用这个机会，并渴望实现她和布皮对尼泊尔儿童更美好未来的愿景。

在尼泊尔，孩子们6岁开始上学，这意味着他们往往会在发展的关键时期错过教育。此外，年龄较大的儿童，特别是女孩，是无法接受教育的，因为她们常常不得不待在家里照顾弟妹。基于长期的经历，决定由黛安领导尼泊尔志愿者行动中的学前教育部分。尼泊尔志愿者行动将能够"充分利用我的激情和过去的经历"，她告诉我们。

虽然居民和当地政府对这个学前教育的想法很有热情，但他们对它到底是如何实现的持怀疑态度。社区里的每个人都必须自愿参与进来，而不是让布皮和黛安把他们的愿景强加于他们，因为幼儿园的意义超越了它本身。例如，这将使年长的兄弟姐妹能够开始上学。这也为该地区的一些妇女提供机会，可以在家庭之外赚钱或为社区做出贡献，因为她们将成为真正在学校教书和做志愿者的人。按照黛安的说法，"这将是所有人之间真正的伙伴关系，并在社区中创建一种共同的使命感"。自从黛安第一次回到尼泊尔，他们的共同努力使得在尼泊尔的一些村庄和地区建立了48间教室，平均每年为900名儿童提供早期教育。她与布皮和尼泊尔志愿者的合作也激励黛安成立了自己的非营利组织"可持续的学习伙伴"，该组织负责建设学校、开发课程、培训教师，并为教室提供可持续的学习用品。

黛安的愿景以她从未想过的方式实现了。"刚开始的时候，我不知道这会把我引向何方，"她说，"但是我有一个伟大的梦想，我就是无法把它从我的脑海中抹去。每次挫折都只是实现梦想的暂时障碍。孩子们和他们的父母脸上的笑容就是最好的回报，他们知道，虽然我可能永远不会认识所有孩子，但在我们的努力下，他们将能够更好地茁壮成长。"

她也意识到，她的梦想变成了现实，这也是与布皮和尼泊尔志愿者，以及与她一起工作的许多教师和村民的愿望一致的结果。

我们研究的领导者与黛安分享了同样的观点，即通过专注于让未来的生活更美好，从而为现在的生活带来意义，这对成就非凡的事情至关重要。领导者梦想可能发生的事情。每个人在他们生命中的某个时刻都能看见未来。例如，有这样的时刻，当你想象着经营自己的公司；梦想着去异国他乡旅行；梦想着有一个改变游戏规则的新产品的大胆想法；或者渴望获得更高的学位；它可能是你在参加可持续发展运动时所感受到的使命感；或者是你在呼吁加入一项事业，让这个星球变得更美好；或者是你在想象孩子们在邻里之间无忧无虑地玩耍时所感受到的振奋人心的感觉。领导者认真对待这些梦想，并采取行动让它们成为现实。

我们在研究中发现，人们期望领导者具有前瞻性。他们希望领导者不仅仅描述当前的现实；他们希望员工谈论期望的结果——未来可以是什么，而不仅仅是现在是什么。想象和表达令人兴奋的未来可能性的能力是领导者的关键能力之一。虽然人们不一定期望同事具有前瞻性和远见，但你需要找到内心的真北（Magnetic North），并聚焦在你和每一个令人兴奋的项目的可能性上。

在发挥领导力的过程中，你必须能够想象一个积极的未来，并对正在进行的工作赋予意义和使命。所有的企业或项目，无论大小，都源于心灵的眼睛；它们从想象力开始，相信现在只是一幅画面的东西终有一天会变成现实。当你展望自己和他人的未来时，当你对自己想留下的印记充满激情时，你就更有可能迈出前进的第一步。

但就像黛安一样，这不仅仅关乎你的愿景。它实际上是创建一个共享的愿景。当愿景被共享时，它们会吸引更多的人，保持更高层次的动机比那些单一的想法更能经受住挑战。你必须确保你看到的，也是他人看到的。

典范领导者是那些最经常践行共启愿景的行为的人。领导者请求他们的同事完成对他的 LPI 的评价，以表明他们观察到他践行共启愿景相关的六项领导行为的频率。同事也被要求评估他作为领导者的有效性。统计显示，当同事们指出他越频繁地践行六项领导行为时，他的领导的有效性就会增加。

## 澄清你的愿景

不管你叫它什么——愿景、目标、使命、印记、梦想、召唤，还是点燃时刻——目的都是一样的。有一种比现在的回报更伟大的东西，它赋予生活和工作以意义和重要性——它超越了此时此刻，吸引人们向前。

具有领导力的人会被意义、使命和愿景所激励。他们想要完成他人还没有完成的事情。这种感受来自内心。这就是为什么，就像我们说过的价值观一样，你必须首先明确自己对未来的愿景，然后才能指望他人参与到一个共同的愿景中来。在你能激励他人之前，你得先激励自己。

要跨越从个人贡献者到领导者的鸿沟，就必须充分培养展望未来的能力。要想从一个普通的领导者转变成一个典范领导者，无论级别怎样，都需要努力提升展望未来的能力。一个新的领导者如何培养展望未来的能力呢？答案并不复杂：花更多的时间在未来。你必须每周挤出更多的时间来凝视远方，想象那里可能有什么。为了展望更好的明天，你必须在今天投入时间。

然而，在这个数字时代，你可能想："当我不知道下一周和未来几个月将会发生什么事情的时候，我怎么能对 2 年、5 年，甚至 10 年之后会发生什么事情进行愿景展望？"有几种办法可以回答这个问题。首先，即使不知道 5 年或 10 年后到底会发生什么，也不会阻止父母攒钱供自己的孩子上大学；不会阻止年轻员工投资养老金；不会阻止创业者在他们的宿舍发明突破性产品，这个产品可能多年内都不会畅销；不会阻止青年运动人士说出我们需要可持续发展环境的行动。不能预测未来，并不意味着你不可以想象更好的未来。这些都是具有前瞻性的行动，不会受到目前不确定因素的影响。

另一种练习展望未来重要性的方法是，想象你在一个阳光明媚的日子里，开车沿着太平洋海岸公路从旧金山向南行驶。山丘在你的左侧，大海在你的右侧。在一些弯道，你能看见几百米高的悬崖。你也可以看到很远很远的地方。你在高速行驶，听着悦耳的音乐，海风吹过你的头发，无忧无虑。突然，没有任何预兆，你来到一个拐弯处，前方升起了浓雾，你看不见汽车引擎盖之外的东西。这时，你会做什么？我们问过很多人这个问题，得到的答案都是一样的："我放慢速度，开灯，关掉音乐，双手抓紧方向盘，紧张起来，甚至身体前倾。"然后你慢慢行驶到下一个弯道，那里的浓雾已经散去，天气又晴朗了。你现在会做什么？你会放松，再次加速，关灯，打开音乐，欣赏风景。

这个类比说明了澄清愿景的重要性，特别是在快速和自信地前进时。你能在浓雾中以多快的速度开车而不危及自己和他人的生命？你是否感觉自己在和一个在浓雾中开快车的人同车？在浓雾天或晴朗天，你在哪种情况下能开得更快？答案是显然的，不是吗？"当你的愿景清晰时，你可以开得更快。"凯尔·哈维在与同事合作完成一个营销视频项目时认识到了这一点。他们开始时进展缓慢，也不知如何一起有效工作。当得知他的同事极具创造力和艺术才华时，凯尔主动分享了一些可能的方法，并询问她如何将她的才华和兴趣融入这个项目。他告诉我们："这就是一切。在这个案例中，雾的类比尤其强烈。当我们的愿景模糊不清时，我们把车停在路边，不再继续开车。然而，在澄清之后，我们驱散了迷雾，又回到了前进的路上。"

## 发现你的主题

澄清愿景是必要的，但它不会像明亮的灯泡一样突然出现在你的脑海中。当让人们告诉我们愿景来自哪里时，他们通常很难描述。他们的答案，通常更多的是一种感觉，一种感受，一种直觉，一种预感。毕竟，通往未来没有地图，也没有州际高速公路。当人们第一次开始学习领导力时，他们通常对未来没有清晰的愿景。

他们所拥有的——及你所拥有的——是关注、愿望、原则、假设、主张、观点、希望和梦想，它们是组织你的愿望和行动的核心概念。**愿景是你对人类本性、技术、经济、科学、政治、艺术、伦理等基本信念和假设的投射。**领导者通常通过找到"主题"开始展望未来的过程，这些"主题"将内心的低语联系在一起，就像作曲家从萦绕在他们脑海的音符中找到音乐主旋律一样。你生活的主旋律很可能不是今天早上才想到的事情，它已经在你的内心深处很久了。你可能从来没有探索过你的过去——为了一个坚持和重复的理想，但如果你检视生活中反复出现的主题是什么，也许你会有所发现。

梅根·戴维森在一家全球互联网公司负责沟通和数据战略，她形容自己从同事那里收到的关于 LPI 的反馈是"特别挑战的是，作为个人贡献者，我的大多数项目都需要经常与同事合作。提高共启愿景的能力将直接影响我的项目的成功"。她采取的第一个行动是，通过反思自己的过去，为她在跨国科技公司领导的项目确定自己对未来的愿景。自从大学毕业后，梅根每隔两到三年就会在不同的行业找一份新的工作。她曾是一名七年级的中学数学教师、一名管理着从非营利组织到工程专业客户的职员，她也曾在初创公司和拥有 100 多年历史的大公司工作过。她意识到，这些不同经历的共同点是，"我非常相信'以客户为中心'的价值观。我喜欢改善学生、用户、顾客等人的体验，我已经找到了支持我这样做的工作机会"。

像梅根一样的领导者，他们最终表达的愿景是对"共同主线"或主题的详细描述、解释和演绎。那么，在你的生活和工作中反复出现的基本信念和假设是什么？什么是不断重复的主题？哪些事情让你夜不能寐？那些不断重复的"我希望"是什么？

找到你的愿景，就像找到你的声音一样，是一个自我探索和自我创造的过程，需要直觉和情感的投入。我们所看到的现实是，典范领导者对他们的项目、他们的事业、他们的计划、他们的主张、他们的技术、他们的社区、他们的家庭更加充满激情，而不是他们的名声和财富。你的激情是一种衡量指标，它表明了你最深层次的感受和认为的价值所在。这是一种内在奖励的线索。领导者关心比自己更重要的事情。他们关心的是要做出改变，以某种有意义的方式改变现状。你最关心的是什么？你最盼望的是什么？

如果你对一件事漠不关心，你怎么能期望他人对此深信不疑呢？如果你自己都没有激情和动力，怎么能指望他人兴奋呢？如果你自己都没有这种渴望，你怎么能指望他人忍受长期和辛苦工作的痛苦呢？情绪是会传染的，当你表达你的激情时，他人会更容易受到感染。

## 回顾过去

尽管看起来有些矛盾，但在着眼于未来的时候，你需要回顾你的过去，就像梅根·戴维森所做的那样。向后看实际上比只盯着前方更能让你看得更远。了解你的个人经历可以帮助你明确自己的人生主题、思维模式和信念，这些主题、思维模式和信念都能显示出你为什么现在关心某些特定的问题或情况，并解释为什么让它们变得更好对你是如此重要。

**非职领导：人人都有领导力**

人们告诉我们，反思和分析他们的个人最佳领导经历对他们富有启发。通过对过去的关键经历进行反思，他们能够为需要探索的领导力未来生成富有洞察力的路线图。从直接经历和主动探索中获得的知识，一旦储存在潜意识中，就会成为领导者的直觉、洞察和愿景的基础。

尼克劳斯·丹尼尔是一名研究生，正在准备找他的第一份全职工作，他告诉我们他是如何澄清愿景的，他说："我有一个关于未来的非常模糊的想法，所以我问自己未来想要的是什么，因为没有一个清晰的愿景，其他一切都无关紧要。我回顾了自己的成长经历，思考了我最努力坚持的原则，并把它们作为明确我的愿景的起点。"威廉·黄也有类似的经历。当他回想起自己高中的经历时，他的激情被点燃了。在高中时，他参加了几个特别的暑期项目，这些项目"源自某个人的想象力和努力……以惊人的方式改变、重塑和影响了我。它们帮助我聚焦，打开我的眼界去发现新的和令人兴奋的可能性"。威廉·黄记得有一个田径队友，他没有自己的榜样，整个高中都处在迷茫之中。一想到他，就像威廉解释的那样，"有一种强烈的渴望，去帮助那些可能缺少他曾经拥有过的机会的人"。他决定把自己奉献给最需要帮助的孩子们，于是非营利机构创新工程学院诞生了。

尼克劳斯和威廉都学会了感恩，当你回顾过去的人生时，你会延伸你的未来，丰富你的未来。当你回忆丰富的过去经历的时候，这些经历带给你很多的细节。为了能够想象在遥远的未来的可能性，去回顾一下你的人生。当你这样做的时候，你可能发现你的人生主题已经存在很久了。

除确定人生主题之外，在展望未来之前回顾过去还有另一个好处。你对实现愿望所需要的时间有了更好的认识，并且会发现，通往未来的道路不是一条直线。就像在大海中航行，你不能控制身边的一切（如风和洋流），你必须在前进的过程中调整方向，顺势而行。毫无疑问，在追求任何有价值的目标的过程中，你会驶入之前从没进入的领域，这就更加表明为什么在你的心里需要愿景——你要去哪里，为什么它是重要的。此外，你也可能在旅途中认识到，可能有新的高峰，你想要攀登。

当然，这并不是说过去就是你的未来。这样看问题是很危险的，就像开车前往未来，却努力看后视镜一样。如果这样，你会把你和你的同事摔下悬崖。尽可能丰富自己的经历吧。当你扩展经历和扩大人际网络时，你的时间视野也会向前延伸。

## 活在当下

当你获得更多的人生经历时，你自然会获得更多关于团队、项目或组织、职业、学校、行业、社区或家庭的信息。当你面对一个不熟悉的问题时，你会有意识地（或无意识地）利用自己的经历来解决它。你会选择关键的信息进行相关的比较，并将你所学到的经验与当前的情况相结合。对于经历丰富的领导者来说，这一切可能在几秒钟内发生。但正是多年来直接接触各种各样的问题和情况，才让你拥有了独特的洞察力。领导者通过听、读、感觉和感受来完善他们的愿景。他们对即将发生的事情形成一种直觉——他们可以预见前方拐角处会发生什么（或者未来）。他们也有足够的自知之明，能够意识到自己的偏见，因为拥有经历和专业知识也会让人对新的重要信息视而不见。典范领导者还会关注那些能证实他们最初判断的数据之外的东西。

要培养这样的能力，你需要让自己活在当下。你必须摆脱自动驾驶模式，摆脱那种相信你知道一切，通过预先设定的模式来观察世界，而不关注身边发生的变化的状态。为了提高你为今天的问题想出新的创造性解决方案的能力，你必须活在当下。你必须停下来，观察，倾听。只有当你理解了当前的挑战时，你才能想象一个更美好的明天。

每天留出一些时间停止做"事"。在你的日历上留一些空白。提醒自己,你的手机有一个关机开关。安静下来,然后开始更多地关注身边发生的事情。

关注你的工作场所和社区。人们在做他们几年前没有做的事情吗?人们穿什么、用什么、丢弃什么?人们是如何互动的?与过去相比,现在的工作场所和社区在外观和感觉上有何不同?最近的流行趋势是什么?为什么?

倾听身边人的声音。他们谈论的热门话题是什么?他们认为他们需要什么,想要什么?他们认为什么阻碍了他们尽最大努力去投入?他们认为什么应该改变?也要倾听那些微弱的信号,记下还没有说出的潜台词。倾听你从未听过的东西。这一切告诉你事情的发展方向是什么,转折点是什么。

再想想梅根·戴维森的经历。当她参与了几个项目后,她开始发现存在相互竞争的优先级、不明确的角色和职责,产生了不一致的沟通方式。她最初的假设是缺乏清晰的战略和团队创造的技术工具带来了新的挑战。因为她能够倾听并关注四周,所以她能够看到问题并不在于工具的数量,而在于它们之间缺乏明确的关联。

展望未来是一个过程,它始于一种灵感、一种预感或一种某事值得做的感觉。一开始,你对未来的愿景可能很模糊,但至少你专注于一个有意义的主题。你相信现在的情况可以更好。你凭直觉行事,你的愿景会变得更清晰。你做一些事情来推动自己前进,让愿景变得更加清晰。你关注它,体验它,沉浸其中。当你开始这个过程后,随着时间的推移,你会在梦中看到更多的细节。这是一个迭代的过程,最终会产生一些你和其他人能够清楚地表达出来并能够看到的东西。

# 第 3 章 共启愿景

## 共同参与

领导需要的不仅仅是有一个愿景，描绘一幅蓝图，推销个人的价值观。你需要想象最终的结果，并且能够传达你对未来的愿景，这样追随者就能看到他们自己的理想与抱负被接纳和欣赏。他们希望看到你所设想的未来，这就需要其他人的参与，他们必须帮助你实现愿景。人们不希望有人告诉他们该做什么或该去哪里，不管这有多么正确；他们想要成为愿景的一部分。

愿景是关于希望、梦想和愿望的。它是实现雄心壮志的强烈希望的宣言，它是乐观主义的表现。你能想象你说一句"我想让你们和我一起做一些平凡的事"就能让其他人加入一项事业中来吗？不可能。愿景让人们想象到令人兴奋的可能性、突破性的项目或革命性的社会变化。然而，只有你想要招募的人也对这些宏伟的抱负产生共鸣，你才能实现它。

金姆是一所知名大学的商业服务机构的高级会计师，与多个不同学科的团队合作。用她的话说，愿景"不是我需要关心的东西，因为我的角色与高层人士的愿景相去甚远"。愿景不是我的责任，也不是我的期望。然而，当她进一步思考这个问题时，她意识到，从全局来看，她有很多的对话和机会需要去看看"我的愿景是否适合团队、单位和部门的愿景"。她所在部门的愿景是"支持所有业务……"，提供全面的金融服务。该部门将帮助校园部门解决他们的金融挑战，并协助他们做好金融需求规划。她从一个非常事务性的角度出发，设想自己如何通过指导和分享知识来实现更大的改变："我主动地让大家形成了一个共同的愿景，即校园部门拥有他们需要的工具和技能，可以独立、可持续地做出自己的金融决策。"金姆说，以共同的愿景参与进来是有帮助的，因为"我的追随者、我的团队和我自己都着眼于自身，认识到了我们在经营良好、自我维持的业务方面的长期利益"。

你不能把愿景强加给他人。愿景不仅仅对你有意义，也必须对他们有意义。领导者必须创造条件，让人们做想做的事，而不是被迫做的事。领导者要创造团队、部门、项目或组织愿景与个人愿景交融的环境。在LPI统计数据中发现，同侪评价他们的同事"如何让人们的长期利益可以在共同愿景下得以实现"的行为频率和他们的领导有效性之间存在很强的相关性。人们越认为领导者能够描绘出他们渴望实现的目标的"蓝图"，他们就越表现出更强的团队精神。

领导者仅仅明确自己的愿景和价值观是不够的，还必须关注身边的人。问问你自己，还有谁必须理解、接受并致力于这个愿景？如果你不能在你所关心的和他人所关心的之间协调一致，那么你们就不会形成共同的目标，也不会在改变现状方面取得成功。

当人们向我们分享他们的个人最佳领导经历时，他们经常谈到需要从其他人那里获得关于愿景的认同。他们解释了如何沟通目标，并为一个统一的方向赢得支持。他们知道，每个人都必须致力于一个共同的目标。他们明白，要让每个人都踏上同样的旅程，他们必须能够说明白为什么其他人应该加入，这对追随者意味着什么，以及这将如何使他们受益。虽然你可以看到他人的需求和兴趣是如何得到满足的，但如果他们不能看到自己的需求与更大的愿景是如何联系在一起的，他们就不愿意登上这艘船。一旦他们认同共同的愿景，团队的变革力和巨大潜力就会爆发出来。

激发他人持续努力工作并不容易，特别是当你试图将这种领导行为应用于你的孩子时。接下来，我们看看艾米·汤姆林森与我们分享的她的经历，看看她是如何在自己的个人生活中运用这些领导理念的：

我希望邀请人们走到领导的一线，获得第一手经历，提出问题，并且共启愿景。有一次，我们在八岁的儿子身上做了一次尝试。我们让他一起协商规则。儿子希望在周末使用电子产品方面的规定能够更加宽松。之前，我们作为父母，常常制定了规则，但从不花时间一起讨论规则的意义或目的。实际上，一旦我们花时间描绘出未来的蓝图，描绘出一幅令人信服的画面，我们就能够达成共识。然后，我们把他的期待和对未来的梦想结合起来，调整我们之前制定的规则。这带来的变化是显著的。现在，八岁的儿子整天都在努力表现出负责任的选择和行为，遵守规则，以获得更多的时间玩电子产品。

艾米说，共同的愿景"让我们的家庭同心协力，朝着一个共同的目标努力"。当给予机会参与时，孩子们能够参与和理解的东西会多得惊人。这对成年人来说也是一样的！

## 深入倾听

让他人同意你的想法意味着你需要深入倾听他人。你必须与你所交往和共事的人进行对话，谈论他们的生活，他们自己的希望和梦想，以及他们如何通过分享和参与愿景的展望来实现愿景。创造共同的愿景就是培养共同的命运感。它是关于感召他人，让他们看到自己的利益和愿望是如何与共同愿景相一致的，从而激发他们全力以赴地来实现它。

对于阿曼达·伊特朗来说，成为美国放射学会患者和家庭护理委员会的维权者，源自她在多次接受放射检查和治疗时所面临的挫折。和癌症斗争了十多年，意味着阿曼达做了很多次检查和治疗。她经常在放射检查和治疗过程中看到其他人的同样问题，她还看到了许多可以分享的最佳实践。阿曼达对放射科医生的倾听和投入越多，他们就越愿意倾听她的意见。毕竟，双方都有一个共同的愿望，那就是让检查"又快又好"。

她的以患者为中心的想法引起了想要减少"扫描焦虑症"的放射科医生的共鸣，他们意识到，这样做需要非常深入地倾听患者的声音。比如阿曼达，她是唯一能从患者角度描述放射科真实体验的人。作为一名维护患者权益的人，她在这一关系中没有正式的权力，但她能够通过呼吁共同的愿望，让其他人参与到一个共同的愿景中来。让其他人参与进来，就像把她的故事告诉放射科医生一样简单，让医生了解患者在检查和治疗过程中的每个个人体验。找到共同的愿望是每个领导者在感召他人时必须采取的步骤。不管一个梦想家的梦想有多么伟大，或者像阿曼达这样的患者有多么沮丧，如果其他人看不到实现自己的希望和愿望的可能性，他们就不会追随。你必须向他人展示，他们将如何从长远的愿景中受益，他们的特定需求如何得到满足。这就需要用心倾听。

**要想了解他人的意图，你需要在一个比你通常感到舒服的更深层次上理解他人，需要探索他们最强烈的渴望和最深的恐惧。**这意味着要对他们的喜怒哀乐有深刻的认识。这要求人们根据自己的经历去理解生活。只有通过了解你的追随者，通过倾听他们，通过征求他们的意见，你才能更好地表达他们的感受。然后，你就可以站在他人面前自信地说："这就是我听到的你们说的你们想要的东西。通过参与一个共同的事业，你们的需求和利益将会得到满足。"在某种意义上，你就像一面镜子，向你的追随者反映出他们所说的最渴望的东西。当人们看到那些映像时，他们会认出自己的需求，并欣然接受这些映像。

认识到领导力是一种关系，就能正确地看待倾听。人们常说，任何伟大的思想都不是通过嘴巴进入头脑的，所以你不能指望自己拥有所有的思想或所有的答案。人们想要被倾听，并且他们真的很期待你能理解、欣赏并融入他们的希望和梦想。请抽出时间来倾听他人，走出你的小隔间，离开你的办公桌或电脑，闲逛到其他人的办公位前。一起喝杯咖啡，吃顿早餐或午餐，或者在八小时之外和人们在一起，看看他们在做什么。

如果是远程工作，一定要花时间在虚拟在线的会议上倾听。并不是每个电话或数字会议都需要充满结构化的 PPT 演示或共享屏幕，以提供带有图表和幻灯片的报告。花些时间建立人际关系，即使在虚拟环境中，也要避免 100% 的任务驱动（这很累人）。有创意地让人们播放音乐库中他们最喜欢的歌曲，或者展示一些他们的花园或最近旅行的照片。使用你的眼睛经常比仅使用你的耳朵更加有力。

如果人们说不清楚他们想要什么，你该怎么办？如果人们不知道自己需要什么呢？这意味着需要更深入的倾听。倾听不仅仅是一个词，它还与集中注意力、读懂字里行间的意思、注意那些没说出口的弦外之意有关，请注意什么会让他们微笑，什么会让他们生气，他们如何打发时间，等等。从领导力的角度来看，你可以肯定，每个人都想要一个比今天更好的明天，虽然他们的目标不尽相同，但他们都希望未来更加美好。如何改进才会更加美好呢？

## 找到共同的目标

你是否问过团队成员、项目或部门的其他人，他们为什么留下来？**花点时间想想大多数留下来的人，问问他们为什么会留下来。**想想你为什么这么做。人们之所以没有离开，或者没有四处寻找另一个职位，最重要的原因是他们发现自己正在从事的工作或提供的服务具有挑战性，是有意义和有目的的。研究表明，有目标的人比那些缺乏目标的人对他们的工作更满意。人们想要一个检验自己的机会，一个靠自己成功的机会，一个参加社会实践的机会，一个做好某事的机会，一个做好事的机会，一个改变现状的机会。这不正是大多数领导的机会的本质吗？

近年来，尽管经济起起伏伏，人们对工作场所的期望并没有发生太大的变化。不管职业、行业或地点如何，人们对"有趣的工作"的重视程度远远高于"高收入"。领导的质量（为有愿景和价值观的领导者工

## 非职领导：人人都有领导力

作）比金钱更能激励人。在工作生活中，最常被提及的衡量成功的标准是"干得好的个人满足感"，你会感到惊讶吗？人们引用这句话的频率是"取得成功"或"过上好日子"的三到四倍。人们在反思自己的最佳个人领导经历时意识到的一个关键问题是，一旦团队成员有了目标感，并且都在同一艘船上，那么每个人都感到有责任和动力去做出改变。

人的内心深处渴望成就非凡。人们想知道他们在这个世界上做着有意义的事情，他们的存在是有目的的。工作可以提供这样的目的，工作场所越来越成为人们追求意义和身份认同的地方。最好的团队和工作场所能够通过交流正在做的事情的意义和重要性来激发和利用这种人类的渴望，这样人们就能理解自己在创造性工作中的重要作用。

当你能够清晰地传达组织的共同愿景时，你就赋予了团队成员尊严。你升华了人们的精神境界。虽然你不能把自己对未来的愿景强加于人，但你可以释放那些已经在人们内心深处的愿景。当你与他人分享共同的愿景时，你就在唤醒并激发这样一种信念：**我们可以成就伟大而独特的事业**。真正推动人们前进的，尤其是在更具挑战性和不稳定的时期，是一种令人兴奋的可能性，即他们所做的事情可以对他们的家人、朋友、同事、客户、患者、教会和社区的生活产生深远的影响。

尼尔斯·汉森在讲述他在一家跨国零售企业的电子商务项目的最佳领导经历时意识到："在团队中找到一个共同的目标可以给每个参与其中的人灌输一种强烈的意义感和满足感。"

他告诉我们，第一步是"真正地去了解团队成员及他们的愿望是什么"。他们在生活中关心什么？他们是否认为自己在未来 12 个月里会处于某个特定的职位？处在他们职业生涯的巅峰？尼尔斯认识了团队中的每个人，并了解到每个人在工作之余都是充满激情的电子游戏玩家。他们所销售的产品都是他们个人喜爱的产品。"这种对我们产品的欣赏，"他说，"非常有力量，是一种无价的东西，把我们所有人都与共同的愿景联系在一起。"

来自40个不同国家（16种不同语言）的受访者参与的研究发现，让员工有清晰的目标可以提高他们的参与度和生产力。同样，LPI数据显示，那些经常或几乎总是向人们展示参与共同愿景可以帮助他们实现长期利益的人，比那些很少展示的人，在同事中得到的评价要高15倍。研究表明，向人们强调"为什么"，比如"我们为什么要这么做，为什么这很重要"，能够激活大脑的奖励系统，增加人们对他们正在做的事情的好感度，以及提高他们的努力程度。

## 以独特为傲

这能让你知道是什么让你的团队、工作场所或社区与众不同。在一个团队中工作，或者在一个机构工作，和另一个城市的机构做的事情完全一样，没有任何优势。如果你想让人们加入你，他们首先必须理解你的提议如何与众不同，并从人群中脱颖而出。独特性培养自豪感。它提高了每个人的自尊、自信与努力。人们越是对自己工作的地方或生活的社区感到自豪，就越有可能参与其中。

霍莉·韦克斯曼曾与世界知名科学家在一所著名大学的研究实验室工作。她和同事负责确保所有设备正常运行，尽管有些人并不认为这项工作和科学家的工作一样重要，但她告诉我们她如何确保同事从内心认识到，他们在做相当重要的工作，并做出了独特的贡献："毕竟，我们所做的工作能够影响许多人的健康，改善他们的生活质量。保持设备正常运行是至关重要的，因为这使得研究成为可能。"

她的激励人心的观点与马特·肯德里克的观点类似。肯德里克是一家地区医院的设备工程师，他告诉同事："通过保持供暖、通风、空调正常运行，我们可以让人们更快地从疾病中康复，并早日回家。""只要有可能，就抓住机会，分享你对自己的工作、对更大的组织使命所做贡献的自豪感。"仅仅谈论让你自豪的事情就能激发他人产生同样的感觉。从同事那里听到他们对自己的工作感到自豪是有感染力的。他们在分享你所表达的喜悦。

你要确保所有参与进来的人都感觉自己所做的事情是独一无二的,并且相信自己扮演着重要的角色,不管职位或具体的职责是什么,从而激发他们加入共同的愿景中来。阿兹米纳在带领一组志愿者处理巴基斯坦卡拉奇一家社区书店的销售和财务问题时,懂得了让人们以自己的独特为傲是多么重要。这家书店是一个标志性的、有名的、受人喜爱的书店,人们喜欢聚集在这里社交和学习。然而,在阿兹米纳同意承担财务管理者的角色时,这家书店正处于生存危机中。它不再提供高标准的服务,财务管理方面缺乏责任心,也没有什么动力去做更多的事情。她告诉我们,管理水平下降的原因"不是因为团队不胜任或没有能力完成任务","主要原因是团队缺乏愿景和方向。我的目标是激励团队把书店重新变成人们喜欢去的地方,不仅因为它有很好的藏书,还因为它有吸引人的氛围和社区感"。

阿兹米纳指导志愿者改进记账流程,谈论如何更好地利用书店的稀缺资源,并告诉他们书店是他们生活中重要的一部分。她说,在整个过程中,她"强调了这个书店需要依靠他们生存下来,保持书店的正常运营对社区的重要性,以及他们的工作光荣,他们不仅是服务于一家书店,而是服务于一个受人尊敬的社区标志"。

专注于自身的独特性使得大组织中的小团队,或者大城市中的一个人、社区,有可能拥有自己的愿景,并仍然服务于更大的、集体的愿景。虽然公司、公共机构、宗教机构、学校或志愿者协会中的每个团队都必须与整个组织的愿景保持一致,但每个团队都可以在更大的整体中表达其独特的目的,并突出其最显著的品质。每个团队都可以为自己未来的理想形象感到自豪,因为它正在为更大组织的集体未来而努力。

## 创造未来的图景

愿景是人们头脑中的图景。它们是印象和象征,是你可以透过迷雾看见的灯塔在脑海中的那个画面。你通过具体和生动的表达让这些形象对其他人显得真实。如图 3 所示,一个人越经常被他的同事视为"描述我们未来可能的令人信服的图景",他的同事就越强烈地认为他真的关心组织的长期成功。

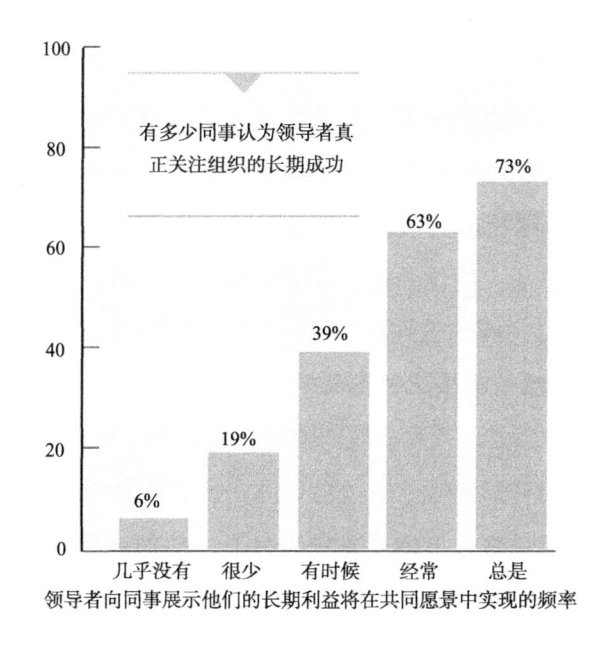

图 3 领导者向同事展示他们的长期利益将在共同愿景中实现的频率与真正关注组织长期成功的关系

在我们的工作坊和课堂上,我们经常使用一个练习来说明描绘图景的力量。做法是这样的:我们让人们想象法国的首都巴黎,然后说出他们脑海中第一个想到的东西,埃菲尔铁塔、凯旋门、塞纳河、巴黎圣母院、美食、美酒、浪漫,这些都是真实的地方、经历和情感的图景。没人说出巴黎的公路里程、人口或国内生产总值。对于你的团队或组织来说也是如此。这是因为人类的记忆储存在画面和感官印象中，而不是数字中。人们回忆的是现实的画面，而不是现实的抽象。

当你谈论未来，远在旅程开始之前，你就需要在脑海中想象当你到达目的地时的样子。图景是你了解未来世界的窗口。当谈论人们从未去过的地方时，你首先要想象它是什么样子的。你实实在在地描绘了一幅未来的图景，并将其目标具象化，这样其他人就能看到、听到、品尝、触摸、感受到它。

珍妮特·洛佩兹告诉我们，当她在国家卫生组织的行为健康部门工作时，她用迷人的图景激发人们对实施在线健康教育平台的兴趣，"最重要的是，通过帮助那些面临治疗挑战和障碍的患者，用语言描绘出一幅生动的图景，描绘出我们的未来会是什么样子的"。她解释说："我详细说明了他们每个人的优点如何有助于实现这一愿景，以及我如何看待他们在我们想要完成的工作的'大局'中发挥的作用。"像珍妮特这样的领导者明白，描绘一幅未来的图景需要充分利用语言的力量来沟通共同的身份，并赋予愿景以生命。他们使用隐喻和其他修辞手法来使抽象的思想变得生动和有形。他们通过描述性语言、举例子、讲故事来表达对未来的希望。通过将无形的愿景变为有形，他们点燃了追随者的激情，培养了一种共同的命运感。

你所面临的挑战是真正看到他人的愿景——比如你的上司、部门或组织的愿景，然后想办法表达出来，让你身边的人也能想象到。虽然肖恩·柯林斯担任一个学院的环境、健康和安全主任，但没有人向他汇报，他的工作涉及帮助其他人（如教员）拥抱安全文化。他经常通过画面来实现这一点，要求实验室主管想象一下，如果不遵守安全规程，会发生什么情况，或者如果实验室被检查机构关闭，他们的研究将受到怎样的影响。确保他的同事能看到他能看到的东西是关键，从确保学生不受伤害的口头承诺，到每个人都采取行动，对安全标准负责。

通向未来没有高速公路。通常，作为领导者，你所能做的就是要拥有一个"主题"、一组价值观和原则，让你对什么是可能的有一些实感，在最好的情况下，这通常只是一个画面。关键是要让他人在他们的脑海中想象可能是什么，怎么实现，为什么一定会实现。珍妮特·洛佩兹意识到，她的同事们正在接受她所阐述的愿景，他们开始分享什么是可能的，他们如何做出贡献，以及他们可以启动的试点项目。她描述说："小组成员进行头脑风暴，讨论如何解决保密问题，向管理层寻求资金支持，甚至激发外部的投资者。"珍妮特注意到创造未来的画面是多么的有力量："当每个人都在想象我们的未来时，空气中充满了兴奋，脸上带着微笑，身体变得向前倾。"

## 积极的沟通和表达

我们的研究表明，人们喜欢追随那些充满热情、散发着活力和积极态度的人。乐观的人富有吸引力，他们传达这样一种感受：**旅程将是令人振奋的，我会长期坚持下去**。人们追随那些有"我能"的态度的人，而不是那些能给出十个理由来说明事情不可能的愤世嫉俗者，或者那些不能让他人对自己或自己所做的感觉良好的人。

研究证明，与鼓舞人心的话相比，人们实际上记住悲观的评判要更频繁、更详细、更强烈。当负面评判成为一种成见时，人们的大脑就会失去思维的能力。所以，你更应该往好的方面想。积极的生活态度会扩展人们对未来可能性的想法，而这些令人兴奋的选择是相互促进的。在一个肯定的环境中，人们会变得更有创新精神，看到更多的可能性。积极主动可以提高你应对逆境的能力，在高压的时候更有复原力。

兰迪·杜布瓦是一家体验式户外培训组织的创始人之一，他让人们参与具有挑战性的体力活动，让他们真正地拉伸他们认为自己有能力做的事情。学员们通常都很紧张，一开始甚至有点害怕。但是，不同年龄、

## 非职领导：人人都有领导力

不同体型、不同体能的人都成功地完成了他们的户外挑战课程。兰迪是如何成功地领导这些人的？她的秘诀很简单：她总是乐观地认为人们可以参加这些课程，而且她从不说"不"。我们在训练项目中看到过她，她非常清楚地表明，人们有能力实现自己的愿望，去做他们从未想过自己会做的事。积极的心态会让人们看到更多的选择，更愿意尝试，更专注于学习。

人们在解释为什么会像被磁铁吸引一样被特定的领导者所吸引时，他们经常把领导者描述为有魅力的人。但是，魅力已经成为一个被过度使用和误用的术语，以至于它几乎不能用来描述领导者。例如，研究领导力的学者指出："在大众媒体中，魅力可以用来指从厚颜无耻到夸夸其谈，从名人到超人的形象。它已经成为一个强大、有吸引力和能激发人的陈词滥调。"

为了更好地理解这种难以捉摸的品质是什么，社会科学家观察了像兰迪这样被认为是有魅力的人的行为。他们发现那些被认为是有魅力的人比其他人更有活力。他们笑得更多，说得更快，发音更清晰，头部和身体的动作也更频繁。在见面问候时，他们也更有可能伸出手去，触摸或与他人进行身体接触。**最成功的 TED 演讲者使用手势的频率几乎是其他人的两倍。研究显示，那些被认为精力最充沛、最热情的人总体上使用了更多的手势**，他们的身体动作预示着他们是获得观众最多掌声的人。因此，魅力可以更好地理解为表达的意愿。你表达越多，就越有可能让你身边的人被你的热情感染。一个临床护士在她的个人最佳领导经历中这样描述："我的热情具有感染力，对于新的外科手术的成功充满信心，让其他人在不知道所有细节情况下就走上了手术台。"

我们发现，人们往往低估自己的表达能力，这很容易证明，例如，当他们谈论个人最佳领导经历或他们的理想未来，甚至他们即将到来的假期时，就可以看出来。当谈到希望、梦想和成功时，人们几乎总是感情用事。他们在椅子上向前倾着身子,他们挥动着手臂,眼睛闪闪发亮,兴奋地唱着歌,他们微笑着。

**精力充沛和善于表达是魅力的关键特征。**有句老话是"热情是会传染的",这句话当然适用于领导者。通过在你的语言和行为中加入情感,你可以增加人们记住你所说的话并据此采取行动的可能性。你需要与他人分享你的热情,而不是把它藏起来并认为自己的表达在某种程度上是"不专业的"。

如果你不相信自己所说的话,那么任何关于积极和富有表现力的建议都没有价值。如果你的愿景是他人的,你并不拥有它,那么你将很难把其他人吸引进来。如果你很难想象自己生活在愿景中所描述的未来中,你肯定无法说服他人参与并使其成为现实。如果你对这些可能性都不感兴趣,那就别指望他人会感兴趣。感召他人纳入共同的愿景的先决条件是真诚。

## 共启愿景的行动指南

愿景让人们的精力聚焦,愿景决定日程安排,指出方向和目的。它们使每个与工作相关的人都能更清楚地看到他们的未来,以及当每个人都加入自己的部分时,未来会是什么样子的。共同的愿景让每个人都能集中精力,记住这一点,人们就能高效、自信地为整体做出贡献。

然而,只有领导者才能看到的愿景不足以产生有组织的行动。你还必须让他人看到一条前进的道路——一条充满令人兴奋的可能性的道路。你必须为愿景注入生命力,不仅通过你自己的热情和表现力,而且通过倾听和沟通他人的希望与梦想,让他们清楚地了解他们的价值和利益将如何得以实现。真诚地谈论你自己的信念和你所在组织的独特性会让其他人为自己是某一特殊事物的一部分而感到骄傲。通过你的活力、乐观和真诚、积极向上和表现力,你将会吸引追随者。

在下一章中,我们将解释如何创建一种氛围,在这种氛围中,你可以开发实现未来共同愿景所需的创新思想和流程。我们将探索你如何通过寻找机会、尝试和承担风险来挑战这个过程。

---

以下是两个行动指南,可以不断增强你共启愿景的能力。

**展望未来。**通过寻求不同的观点,你可以拓宽对未来趋势的理解。请花时间和同事讨论公司的未来,以及公司目前的发展方向;询问他们认为组织如何保持竞争力,哪些想法现在可以实施。如果可能的话,与团队和公司之外的人交流,也包括与客户交流他们的需要和需求。在你的每次谈话中都要注意倾听有用的线索。任何对未来的美好梦想都将根植于每天都可能发生的对话中——你只需要弄清楚如何去协调它们!讲话和倾听是相辅相成的,最终,让他人参与对话将丰富你对未来可能发生的事情,以及如何最好地解决它的理解。

**感召他人。**为了让同事、队友或朋友在机会出现时接受新的想法或倡议,你需要了解他们的兴趣和愿望。主动与他们谈论他们的梦想和希望,以及组织的理想中哪个对他们最重要。问问他们一开始为什么要加入这个团队,他们为什么感觉这是一个他们可以茁壮成长的地方;是什么让他们在清晨起床,并点燃他们的激情;确定他们对未来的看法与你自己的看法有哪些交集。当你描述你希望实现的目标时,要强调这些交集,帮助他们认识到大家的共同愿景。你的目标是让他们像你一样对你所做的工作的价值感到兴奋。

# 第 4 章
# 挑战现状

你永远不知道领导的机会在何时何地出现。詹娜·温盖特的经历就说明了这一点。2014 年,她是辛辛那提动物园和植物园的兼职管理员。当她的一位同事决定成立美国动物园管理员协会的地方分会时,詹娜就在她身边。显然,他们需要从他们的动物护理人员中招募成员,但他们也被要求参加国家组织的年度筹款活动——犀牛保护。正是在这个过程中,詹娜挺身而出,发挥了领导作用,帮助新成立的分会产生了可衡量和持久的影响。

虽然既不是一个正式的活动策划者,也不是经历丰富的资金筹集人,詹娜却兴奋地参与了犀牛保护活动。由于寻求赞助和资金的非营利组织数量众多,而且几乎都拥有专业的筹款人,詹娜知道她的团队必须采用与众不同的方法。詹娜解释说:"整个过程基本上就是'边走边想'的努力。"

同事们提出了几个筹集资金和吸引赞助商与捐赠者的想法。但是我们没有办法预先知道这些方法是否可行。我们决定设定不同的赞助级别——从将公司名称和标志印在 T 恤衫上到辛辛那提动物园的个性化游玩。我们不知道捐赠金额与收益会怎么样,我们只是同意进行尝试、学习,然后继续前进。

我们知道,为了进行活动推广,我们必须做些什么,而不是简单地发送一般性的电子邮件通知,或者在社交媒体上发帖子。所以,我们安排了一些欢乐时光活动,我们一群人在那里进行社会宣传,谈论保护犀牛有多么重要,然后我们分成小组,给小企业、餐馆和"妈妈和爸爸"打电话。"向他人要钱总是让人感到害怕和尴尬,但在小团队中一起做这件事确实帮助了我们。"

詹娜告诉我们,她和她的同事尝试了很多方法。有些方法成功了,有些则失败了,但她补充道:"我们只是从错误和失败中吸取教训,然后再尝试其他方法。现在感到很有趣的是,我们从第一次烘焙销售中学到,不要在炎热的 7 月在外面卖甜点,它会融化的。"

首次募捐活动有几个风险,一个风险是他们能否真正让人们捐款,因为他们不被允许向辛辛那提动物园的任何现有的犀牛捐赠者募捐。因此,詹娜把目光投向了组织之外的慈善基金会和社区捐赠者。例如,她联系了在动物园工作的各种承包商,这些承包商又联系了分包商,分包商又联系了他们的朋友。另一个风险是他们的筹资目标设定得太高。事实上,分会会长认为他们野心太大了!对于詹娜来说,如果这次活动没有成功,她担心这可能影响她在动物园的同事如何看她。然而,潜在的回报总是值得冒险的,他们的努力是为了一个有意义的事业。

在整个美国动物园管理员协会中,通常需要 6 年左右的时间,才能为犀牛保护运动筹集到 2 000 美元的资金。辛辛那提分会在第一年就筹集了 9 000 美元，5 年后，通过无声拍卖、商品销售和抽奖，这一数额增加到 3.5 万美元。这是当年所有动物园中贡献最大的一个项目，包括那些大得多的动物园，如圣路易斯动物园、圣地亚哥动物园和布朗克斯动物园。詹娜的成功在很大程度上归功于她对犀牛保护运动的全新思考方式。

正如詹娜的故事所表明的那样，你不必在组织的最高层提出和实施新的想法，从而达到其他组织都没有达到的效果。**你需要做的是主动采取行动，然后坚持不懈。**领导力不是维持现状或者做其他人都在做的事情。要鼓励自己和他人去尝试工作职责和角色安排之外的东西，探索超越现有限制、标准和规范的选择，这是成就非凡的关键。今天和明天的挑战与机会需要有勇于承担风险和尝试创新理念的意愿。领导者鼓励冒险，而不是保守行事，他们鼓励人们踏入未知的领域。他们设定的目标比目前的要高，但不会高到让人们只感到沮丧和失望。他们不只是为了改变而挑战，而是带着有目的的渴望去挑战，像詹娜一样，为了正义的事业，为了让事情变得更好。

当人们描述他们的个人最佳领导经历时，他们总是在谈论重大变化的时刻，即使我们询问他们的不是这些问题。事实证明，没有人能在保持现状的情况下成就卓越。当环境稳定和安全时，人们不会遇到严峻的考验。你可能表现出色，得到晋升，甚至获得一些名誉和财富。但一成不变会滋生自满情绪。在风平浪静的时候，你不会有任何冲动去审视内心深处，去发现那些埋藏在深处的未开发的才能和激情。相反，个人和组织所面临的艰难能够让你直面真正的自己和你将能够成为的自己。领导力与改变和挑战紧密相连。它包括用不同的方式做事，设定比简单地满足现状更高的目标。没有挑战，你就不可能改变；没有改变，你就不可能领导自己或你的同事走向伟大。

典范领导者是那些最经常展现挑战现状的领导行为的人。LPI 的调查显示，一个人挑战现状的程度与他的六项领导行为的践行频率密切相关。统计显示，在同事评估他作为领导者的有效性时，同事评价他越频繁地践行这些领导行为，他的领导有效性就越高。

## 积极主动寻求改进

绝大多数的组织、机构，甚至社区和家庭都不是典型的变革型组织。人们会紧抓熟悉的东西不放，他们可能很难适应新的系统和流程，认为传统的往往是神圣的。想要比现在做得更好就需要你挑战现状。这不是为了改变而挑战，而是为了做得更好而改变。领导者的动力来自创造非凡，而不是浑噩度日。要改善现状，就需要改变。期望仅仅通过一遍又一遍地重复已经做过的事情就会变得更好的想法是愚蠢的。

领导者的工作与逆境、不确定性、困难、破坏、转型、过渡、恢复和新的开始密切相关。有的时候，这些改变是微小的，有的时候，这些改变是巨大的，但它们都是关于唤醒新的可能性的。领导者不必总是改变历史，但他们必须改变"一切照旧"的心态。

显然，玛丽安·克劳斯在一家小型咨询公司所做的持续改变不在她的工作范围之内。玛丽安是一位虔诚的环保主义者，她坚信垃圾回收和其他公民行动可以让世界变得更干净、更美丽，更适合她的儿子本杰明和其他人生活。她不是公司的创始人、管理人员或经理，但当她到这家公司担任办公室管理员时，她注意到，垃圾、纸张、瓶子、罐头瓶或塑料产品都不能回收利用。如果请大家投票，每个人都觉得应该回收；但问题是，谁也没有主动采取行动来解决这个问题。玛丽安收集了所有需要的工具箱和纸箱，展示了回收什么和如何回收，并坚持为这一改变制作横幅，直到它成为一种日常习惯。领导力不仅与每个人有关，正如玛丽安的经历所证明的那样，领导力就是主动地做出改变。

LPI数据支持这一观察。那些被他们的同事视为"积极主动地预见和响应变化"的人被视为是发挥人们的才能和能力的最佳表现的人（见图4）。

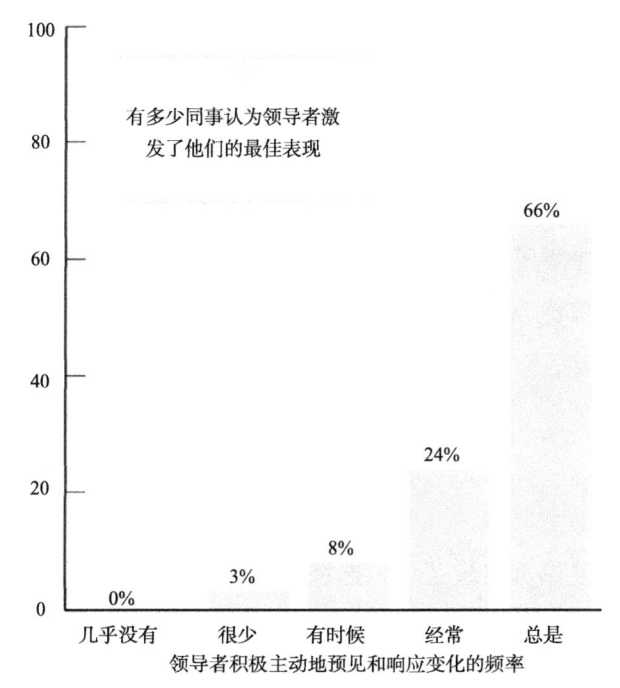

图4 领导者积极主动地预见和响应变化的频率与被同事们认为是激发他们最佳表现的关系

在我们的研究中，我们还问大家"你会用哪五个或六个词来描述你的个人最佳领导经历中的特征——感受、精神、本性、品质。最常出现的词语是：具有挑战性的、有回报的和令人兴奋的。象征性的信念（尽心尽力、紧张、承诺、决心和坚持）和激情（激发他人、令人振奋、激励和活力）的词语也经常被提及。独特、重要、自豪和授权也得到了应有的比例。95%的描述都是上面这样的。从来没有人用过"无聊"这个词，也没有人使用"沉闷的、不令人满意的、普通的、不感兴趣的、冷漠的、漠不关心的或乏味的"。单调无聊与个人最佳表现毫无联系。

这些回答表明了领导力与意气风发的表现高度相关。关于领导者的所有描述都充满活力和生命力。个人最佳表现时刻是人们感到他充满活力的时刻。你需要用热情和决心掌握主动，专注于激发人们的努力，并有一种成就卓越的内心愿望。在我们的研究中，领导者主动迎接行业颠覆所带来的挑战、市场的新需求，以及社区的迫切需求。

当然，改变从来都不容易。有时，领导者的最佳状态被描述为一种充满压力、令人沮丧、让人恐惧或产生焦虑的状态。但是，人们并没有被困难、挑战所压倒，反而被它所激发和激励。当你在追求卓越时，压力总是伴随着你，当你竭尽全力时，压力就会被超越。破坏性的变革需要承诺和牺牲，但与前进有关的积极感受会产生动力，使人们能够穿越暴风雨。

## 带来改变

当被问及是谁发起了他们选择的个人最佳领导经历的项目时，令人惊讶的是，一开始大多数人并没有说出自己的名字。超过一半的项目案例是由其他人发起的。在工作场所，通常是这个人的直接上司。以下情况也经常出现，如危机、设备或系统故障、业绩/收入差距、技术颠覆、客户流失、疾病，或者其他领导者无法控制的事情。

如果领导力是关于积极主动的，那么当人们被分配了他们所要承担的工作和任务，或者如果他们只是对一种情况做出反应时，他们怎么能被称为领导者呢？事实上，人们在组织中所做的大部分工作都是被分配的，很少有人从零开始去挑选所有的同事，或者对企业的产品和社区的服务做出战略决策。现实是，大多时候是挑战选择了你，而不是你选择了挑战。研究发现，超过一半的案例不是自己主动发起的，这是相当积极和令人欣慰的。它让那些认为自己必须从头开始领导所有改变而感到沉重的人获得了解放。它强调了人们可以成为典范领导者的观点，即使他们不是创办企业、创造革命性的发明或引领变革运动的人。每个人都有领导的机会，如果他们选择接受他人给他们分配的任务，并成就非凡的事情，他们就是在发挥领导力。每个人都可以对创新和改进负责。如果人们只有在成为创始人、高管、董事或大老板的时候才能表现最佳，那么，大多数的领导经历都会消失，大部分的社会变革也会消失。

没有什么比接受"如果没有坏，就不要修理它"这一格言更能抑制创新了。在每个组织、每个社区、每个学校和每个家庭，总有一些问题需要解决。去找找有什么需要解决的问题。接受一份新工作或一项新任务是提出深层次问题和挑战做事方式的理想机会。在这些时候，你应该问："我们为什么要这样做？"但不要只在刚开始工作时问这个问题，要把这个问题变成一个常规问题。把每天都当作你的第一天，问问你自己："如果我刚开始这项工作或任务，我会有什么不同的做法？"然后立即去做。

不要止于你自己能找到的问题。问问你的同事，到底是什么让他们感到困扰。问问他们，是什么阻碍了他们把工作做到最好。请花点时间定期在工厂、商店、走廊、办公室或附近转转，看看有没有什么不对劲的地方。提出问题，深入调查。这些方法可以让你不断发现需要改进的地方，或者至少可以收集到一些线索，让你知道哪些地方可能需要关注。

研究证据表明，主动性高的人会被他们的直接上司评价为更卓有成效的领导者，在主动性方面得分高的学生也会被同学认为是更好的领导者，而且他们也更多地参与旨在带来积极变化的课外活动。在企业家、行政人员和找工作的大学生中，也发现了主动性和绩效之间的联系。积极主动总是比被动反应或不反应产生更好的结果。

当你注意到问题的症结所在，为问题创造一个可能的解决方案，从追随者那里获得支持,并实现预期的结果时,你就会带来改变。在回想职业生涯早期作为一名金融分析师的经历时,瓦伦·蒙德拉认识到一个额外的好处:"在我质疑现状的时候,想出有创意的点子的时候,当我经历我的建议带来的改变之后,我得到了反馈,理解了我的错误,从错误中学习改进,我赢得了身边人的尊重。"再重复一遍:当瓦伦质疑现状时,他赢得了同行的尊重。是什么阻碍了你呢?就像人们在谈论篮球时说的那样,你不出手,篮球自己不会进入篮筐。为了得分,你必须投篮。这是瓦伦在积极主动时获得的关键洞察。"这些改变是否如希望的那样有效并不重要,"他告诉我们,"事实上,有人站起来挑战其他人习以为常的规范是带来改变的开始。"

  积极主动与职位关系不大,而与态度和行动的关系更大。创新和卓越是所有层级的人都努力改变产生的结果。当涉及改变和持续改进时,人们需要相信他们可以主动去做一些不同的事情。挑战现状和引入改变为你创造了做到最好的机会。挑战是激励人们追求典范环境。是你主动寻找挑战,还是挑战找到了你,这并不重要。重要的是你所做的选择。你要问自己:当机会来敲门时,我准备好了吗?

## 让挑战变得有意义

  是什么让你在清晨开始就迫不及待地去迎接新一天的挑战?是什么激励你每天都要做到最好?人们为什么要挑战自己的极限去成就非凡?人们为什么为了很少或没有有形的回报而做很多事?他们为什么要志愿去救火,为有价值的事业筹集资金,或者帮助需要帮助的孩子?人们为什么会加入玛丽·普雷马·皮耶里克修女的行列,去照顾穷人中的最穷之人?他们为什么要拿自己的职业去冒险创业,或者冒险去改变社会状况?他们为什么要加入美国志愿队、和平队或无国界医生组织?外在的报酬——传统的"有奖励就能完成"——当然不能解释这些行为。

你不能付钱让人们关心他们的产品和服务、顾客、客户或患者、生产力、盈利能力或安全、同事，甚至他们的朋友和家人。

意义和使命感能帮助人们度过困难的时刻，当他们认为他们甚至不能在清晨起床时采取一次行动，做一次讲座，分析一组数据，调试一行代码，创造一个销售机会，编写一份战略报告，加载一个软件包，重新装修一个房间，参加一次集会或游戏活动，或者听一场音乐会，组织一次接待或供应商展览，举行一次招聘或培训会议，等等。应对生活和工作中的挑战和不确定性的动力来自内心，而不是被他人拿出来的胡萝卜所诱惑。

从个人的最佳领导经历的分析来看，他们的动机并不是为了挑战而挑战，或者只是为了改变现状，或者扮演唱反调的角色。（婴儿可能是唯一真正喜欢和享受"被改变"的人。）你需要有一个改变的理由来解决"如果它没坏，为什么要修理它"的传统思维。"意义通常来自超越日常问题的眼光，有机会去做内心渴望的事情。"

我们的研究及其他人的研究都表明，如果人们想要做到最好，他们所参与的任务或项目必须有足够的吸引力。想要成就卓越，绝对不是靠"有了奖励就能完成"，而是"有内在的激励"。研究人员进行了广泛的研究，探索包含内心奖励的活动的本质。他们解释说，人们喜欢自己选择的活动，是因为他们在经历和施展才干的过程中获得了快乐。外在的奖励，如权力、声望和魅力，被列为最不重要的。他们的研究结论是，无论一个具有内心回报的任务的具体内容是什么，"它最基本的要求是提供一系列明确的挑战"。仅仅以赚钱为就业目的的人，他们的贡献很少会超过最低限度。让挑战变得有意义，激发人们内心动力的一个关键是让他们以新的视角看待工作。

### 向外寻找新的创意

接受新挑战意味着要生活在高度模糊的环境中。变化和随之而来的不确定性打破了稳定和习惯的平衡。然而，正是这些波动、干扰和不平衡才是创造力的主要来源。常规往往是改变的敌人。所有备忘录、电话、报告、会议、计划、电子邮件等都是既定的程序和要求。你可能在日常工作细节上太过忙碌，以至于陷入了一个个的琐碎事务中，你很忙，却没有取得太大的进展。

那么，你从哪里找到首创的想法呢？好消息是，你不需要自己想出来。请环顾四周并倾听，因为创新可以来自任何地方。有时，它们来自你的客户、供应商、研发实验室、工作人员、颠覆性技术、研讨会、竞争对手等。创新的关键是不缺乏可能性的想法。你必须找到方法，使你与你的专业、职业和行业市场的趋势保持连接，与来自不同背景和专业的人的观点和视角保持连接，并与正在进行的社会、政治、技术、经济和艺术变化保持连接。要意识到并对身边正在发生的事情保持开放的心态。即使最模糊或最微弱的信号，也要对其可能出现的新情况保持敏感。

跟踪企业高管的研究人员发现，最成功的人不是等待信息来找他们，而是主动出去收集信息，这样他们就能知道下一步该做什么，你也可以开始做同样的事情。奥马尔·阿里·拉奥表示，在他的职业生涯中，一直困扰着他的问题是"我们为什么要这样做事？如果我们不明白，为什么不提出问题呢？"。他被沙特阿拉伯一家投资公司聘请为 CEO 顾问，就其投资组合提供直接建议，在他的个人最佳领导经历中，他把这些问题牢记在心。他首先详尽地研究了当前的投资协议，观察了团队的工作文化和多样性，考察了公司的内部政治环境，等等。在向 CEO 提出建议之前，他先与同事公开讨论，然后与董事们讨论，在反复交流的过程中检验他的想法。现在，奥马尔与一家北美的救援服务机构合作，继续向外寻找新的想法。例如，为了更好地理解技术如何提高效率，他花了几个星期的时间乘坐他们的拖车，与司机谈论他们的经历，并观察与被困司机的第一手互动。

除非人们积极寻求不同的观点，并与他们通常沟通之外的人进行交流，否则随着时间的推移，他们会与外界的互动越来越少，与新思想和思维方式隔绝。经典研究表明，团队的效能与团队成员、组织内其他人和公司外专家之间的沟通有很强的相关性。每个团队的技术表现都是由部门经理和实验室主任来衡量的。绩效较高的团队与工作场所以外的人有更多的沟通，无论是与市场营销和制造等部门，还是与外部专业协会。表现不佳的团队报告说，他们在这三个方面的沟通水平都较低，基本上切断了他们与能够提供最关键的反馈、建议和技术进步的资源的联系。他们将自己与其他组织部门的信息隔离开来。

人们害怕向身边的人征求建议和意见的一个原因是，他们认为这样做意味着或至少暗示着，他们不称职或不知道一些他们应该知道的事情。然而，研究表明，这种害怕是错误的。人们认为那些寻求建议的人比那些不寻求建议的人胜任力更强，这种看法在任务困难时表现得更加强烈。

如果你想要发现改变的机会——在这些机会成为需求，或者制造巨大的问题之前，你必须运用你对外部事物的观察力。对外部事物的观察是洞察力的兄弟，它意味着能够感知外部现实。没有远见，创新就不会发生。没有对外部的观察，洞察力就像戴着眼罩在往前看，你不会得到完整的画面。对大脑如何处理信息的研究表明，为了以不同的方式、更有创造性地看待事物，你必须用大脑从未遇到过的新东西刺激它。神经科学家解释说，新颖性至关重要，**因为人的大脑进化是为了提高效率，通常会通过寻找捷径来节省能量。**只有强迫自己打破旧有的观点，你才能让你的大脑重新分类信息。超越习惯的思维模式是想象真正新奇事物的起点。

为了更好地了解外部现实，你必须离开你的办公桌，走出你的办公室，花些时间在你平时的专业或职能领域之外。例如，参加一个与你自己完全不相关的领域的会议，参加一次不同领域的课程，参观你不熟悉的行业的设施。从不同的角度看世界，将自己置于新的环境中，促使你思考并面对现有的范式。试一下"联想"，这是一种与创新者联系在一起的发现技能，包括在"看似不相关的疑问、问题或想法"之间建立联系。试想一下，你可以和同事讨论以下问题来激发想象力：如果是迪士尼公司，它们会如何处理我们的客户关系？如果是西南航空公司，它们将如何做招聘和入职培训计划？如果是亚马逊公司，它们将如何设计我们的库存系统？

## 尝试并承担风险

当我们谈到挑战现状时，你可能有这样的印象：你必须从"大"开始。这并不一定是真的。设想得太宽泛的改变可能让你无从下手，你甚至不知道从哪里或如何开始。仅仅是想到大的问题，你就无法想象可能做些什么，更不用说增强解决问题的决心了。把挑战、问题或机会说得太大，实际上可能抑制做事的动机。大胆的项目并不一定是孤注一掷的项目，在通常情况下，是从小处开始并积累成功的。

把大问题和大项目分解成小的、可行的步骤，这样就更容易让参与的人有多次说"是"的机会。小的、可见的步骤比大爆炸式的努力更有可能带来早期的胜利，也更容易获得早期的支持者。在科学界和学术界，一直有这样一种认识，即重大突破可能是数十名研究人员工作的结果，因为无数的贡献最终积累成一个大的解决方案。把所有技术上的"微小"改进加起来，不管是哪个行业，都已证明比所有伟大的发明家和他们的发明对组织生产力的实质性提高做出的贡献更大。进步更可能来自对工具和过程的渐进改进的关注,而不是思想的结构性改变的结果。这也适用于个人改变,**研究已经表明,要想在一个人的行为上产生长期的改变,首先要从一些小的行动开始,通常不超过 30 秒。**一个在正确方向的微小而不引人注目的推动就能使人们吃得更好,为退休储蓄更多,节约更多能源,因此,为了让人们改变他们目前的发展方式,你需要培养一种试验性的态度,从一步一步的尝试开始。正如一句古老的非洲谚语所说:**"不要用双脚去试探水的深度。"**

当然,当你进行试验时,并不是所有事情都能如预期中那样顺利进行,所以你必须确保冒险是安全的。错误和错误的开始都是创新和领导过程中自然和必要的一部分,关键是要从这些经历中吸取经验教训。

## 让冒险有安全感

这似乎是自相矛盾的,但事实是,除非人们感到足够安全,否则他们不愿意,甚至无法去尝试和承担风险。**"心理安全感"的概念是指一个人感觉到自己能够说出相关的想法、问题或担忧的体验,这不是个性因素,而是职场特征。**相互信任和尊重的环境能培养坦诚和责任感,在出现分歧和机会时有责任进行沟通。人们相信,如果他们犯了错误或寻求帮助,他们的同事不会看不起他们,挑剔他们,嘲笑或惩罚他们。恐惧会阻止人们走出自己的舒适区,阻碍信息分享、寻求帮助或尝试。即使人们相信他们说的东西有可能增加价值,他们也会保持沉默。**神经科学研究表明,恐惧会消耗生理资源,损害分析思维、创造性洞察力和解决问题的能力。**这种情况就好比不输(避免损失)和赢(寻求收益)的区别,玩而不输是一种有意识但往往不专注于防范不利方面(尴尬、嘲笑、安全)的心态;为了赢而玩游戏的人关注的是好处,寻找机会,也必然意味着冒险。

大量的经历证据表明,心理安全感对个人和组织都很重要,影响从员工的报告错误到投资回报等方方面面。一项对谷歌超过 180 个团队进行的多年研究发现,性格类型、技能、背景或与工作预期的匹配不能解释哪些团队表现良好,哪些表现不佳。心理安全感是解释为什么一些团队表现优于其他团队的关键因素。O.C.坦纳研究所在一项对全球 2 万多人进行的研究中指出,当员工感到安全时,员工敬业度高的可能性会增加 347%,高质量工作的可能性会增加 154%,中度至重度怠工降低 33%。

如果你不是公司的高层管理者,你能做些什么来为自己和同事创造心理安全呢?**一种策略是提出邀请参与的问题,并主动解决人们可能不情愿的沉默和可能的防御**。例如,不要问"当我们做某事的时候,人们看到了什么错误"。考虑重新组织这个问题:"当我们做某事的时候,是不是每件事都能做到最好?"看看你能做些什么来让他人感到更舒服。培养一种"谦虚的心态",关注你能学到什么,而不是简单地关注没有做好什么,以及谁应该为此负责。这意味着你愿意承认自己的错误和缺点。在你的组织中,假设有适度的善意是有好处的。研究人员表示:"大多数时候,你的同事会对你真诚地表达脆弱和兴趣做出良好反应。"

卡丽娜·查莫罗是一名法学院的协调员,她曾在一个跨职能项目团队中工作,负责建立一个新的学生系统。她还记得,在她的个人最佳领导经历开始时,她是多么谦虚。由于她比团队其他成员年轻得多,经历也少得多,她感到有必要接触她的同事,向他们学习。她与项目团队成员进行了一对一的交流:"我打算像海绵一样吸收他们的经验和知识,我不怕把自己定位为一个学习者。我发现,人们喜欢以自己独特的观点被视为专家。意想不到的结果是,这些互动也建立了个人联系和信任的基础。"她说,在项目早期建立这些直接的关系和开放的沟通,"帮助我在更大的小组会议中获得了一种心理安全感,在这些会议中,一开始感觉年龄、性别和等级等都很重要"。

正如卡丽娜所经历的,通过提出问题,你为其他人创造了一个空间来贡献他们的想法。这表达了你对他们观点的兴趣和对他们观点的尊重。对他人说的话表现出真诚的兴趣,请他们多告诉你一些他们的想法和经历。或者用"你能举个例子吗?"来检验共识,而不是用假装沉默表示同意。问这样的问题:"谁有不同的观点?""我们可能没有考虑到什么?"通过让他们知道你可以提供帮助来显示你对他人的贡献很感兴趣。

最后,对勇于冒险的人给予赞赏而不是评判。例如,"谢谢你说出这件事或这个选择"。说出来需要勇气,你需要承认这一点。当人们认为自己的表现是一种固定的能力或智力的指标时,他们不太可能去冒险,但当他们认为自己的表现反映了一种不断学习和从经历中成长的能力时,他们渴望尝试新事物,愿意在逆境和挫折中坚持下去。

## 取得小小胜利

循序渐进的改变过程被称为"小小胜利",每次胜利都构建了人们对行动过程的承诺。小小胜利形成一种持续的成功模式,吸引那些想要与成功企业结盟的人,树立他们的信心,增强他们对成功的渴望。由于后续的资源往往流向成功者,小小胜利意味着接下来可以尝试更大的步骤或胜利。一系列小小胜利有助于建立一个稳定的基础,在此基础上可以承担更大的风险。每次获胜都提供了促进学习和适应的信息。

小小胜利也阻止了反对派,原因很简单:很难反驳胜利者。因此,小的胜利减少了对后续提案的阻力。随着一个小的胜利的实现,自然的力量被启动,推动走向另一个小的胜利的行动。这种循序渐进的简单策略比大规模的改革和大型项目更容易成功。这不仅仅是因为它更容易,还因为个人和团体的承诺是在这个过程中建立起来的。种一棵树不能阻止全球变暖,但是一次种一棵树,种一百万棵树后就可以产生显著的效果。种第一棵树开始了一切。看得见的成功向其他人表明,他们也可以种一棵树，做出改变。

每天在有意义的工作中取得进步的感觉会激发人们的内在动机。正如哈佛大学研究人员报告所说，"当我们想到进步时，我们通常会想象实现一个长期目标或经历一个重大突破的感觉有多好。这些重大的胜利是伟大的，但它们相对来说也是少见的。好消息是，即使微小的胜利也能极大地提升内心的感受"。小步的、渐进的、持续的前进对人们的动机有重大的影响。LPI 测评的数据证实，一个人被同事报告明确"可衡量的里程碑来推进工作"的频率与同事报告他的动机水平之间有着积极的联系。同事们表示，当与那些能够"识别出可衡量的里程碑来推进工作"排在前 1/5 的人一起工作时，自己被高度激励的比例比排在后 1/5 的人要高出 40 倍。

获得小小胜利的原则并不仅仅适用于组织创新。它可以应用于改善城市街道的外观，或者采用一种服务客户的新流程，或者教孩子玩一项运动。下面是蕾安娜·夏普纳克一步步指导她女儿学习垒球的例子。在训练的第一天，她让每个人都试着练习击球。她拿起一个很软的球，扔给了第一个女孩。那个女孩就站在大约 3 米远的地方，蕾安娜正在扔球，但那个女孩尖叫着抱住了头。蕾安娜说："嘿，没问题，苏西。到队伍后面去。这很好。贝琪，你上来。"但贝琪也做了同样的事——抱着头尖叫。所以，蕾安娜意识到她需要做些不同的事情。她走到车旁，从公文包里取出一些记号笔。她用记号笔在每个球上都画上红、黑、蓝、绿的笑脸。现在，当孩子们看球的时候，她们看到的只是笑脸。蕾安娜把姑娘们叫回来，"好吧，这次我们要玩一个不同的游戏。这一次，你的任务是说出笑脸的颜色。这就是你要做的。"

于是，她们又重新开始，小苏西站起来，蕾安娜把球扔到她身边。苏西一边看一边说："这是红色的。"贝琪上来了。贝琪说"这是绿色的"。女孩们兴奋地大喊大叫，因为她们能分辨出笑脸的颜色。现在，蕾安娜说:"好的。现在我要你做同样的事情,只是这次我要你在球经过的时候把球棒放在你的肩膀上。"同样获得了成功。兴奋之情仍在继续。第三次,她让她们用球棒触摸这个笑脸。在女子队的第一场比赛中,她们以 27∶1 击败了对手。

蕾安娜帮助女孩们从一开始的恐惧中走出来。她逐渐增加她们的训练内容,首先是如何专注于任务,然后是如何执行。如果你以这种方式处理新的和具有挑战性的任务,你可以获得与蕾安娜团队相同的成功。如果你对一些新想法的效果不确定,那就先尝试一下。消费品公司就是一直这么做的。它们先在特定地点试用新产品,然后再向所有市场投放。它们不会等到一切都很完美后才投放,检验是第一步,机会之窗会很快关闭。快速和大量的原型已被证明,就以最快的速度把更高质量的产品推向市场。

如果你的同事们看到你要求他们做自己可以想象在做的事情,他们就会对自己能成功完成任务有信心。当他们没有被任务压垮时,他们的精力就会投入完成任务中,而不是去想"我们如何才能解决这个问题"。通过发现所有能让人们成功地把事情做得比现在不同(更好)的小方法,你就能让人们既想参与,又想继续参与。

## 从错误中学习

不可否认,变革和领导需要承担风险,在任何不确定的行动中,都可能犯错误,经历挫折,更糟糕的是,会经历失败。两个最短视的观点是"失败不是一个选项"和"第一次就做好"。两者都只会鼓励人们谨慎行事。事实是,人们永远不会在第一次时就做对,进步也不会在某个图表上沿着向上或向右的直线发生。当然,一旦你进入生产或交付阶段,你就应该把它做好,但当你尝试做以前从未做过的事情时,就不是这样的。当你从事一些新的和不同的事情时,你会犯很多错误。每个人都一样。这就是实验的意义所在。在检验新概念、新方法和新实践时，会有很多尝试和错误。请记住，正如经济学家、英国《金融时报》专栏作家蒂姆·哈福德所解释的那样："**我们自己的失败很少是致命的。成功来自迅速改正错误，而不是第一次就把事情做好。**"

在我们对个人最佳领导经历的研究中，人们一次又一次地告诉我们，错误、挫折甚至失败是如何在他们迈向成功的过程中发挥作用的。没有它们，就学不到新东西，领导者就无法实现他们的抱负或取得重大的突破。许多人认同这样的看法，即当人们有机会进行尝试，甚至可能失败时，工作的整体质量将提高。听听艾米丽·莱特在她的个人最佳领导经历中是如何解释这些经历的。在她 22 岁的时候，她是一家小制药公司最年轻的员工，她的任务是领导一个涉及销售系统重大变革的重要项目。她意识到"我们需要承担一些风险、失败，并从错误中学习"。他们发起的第一个新的销售流程和系统在几个层面上都是失败的，团队没有使用新的流程，问题还继续存在。艾米丽告诉我们，一开始，她的"信心受到打击"，但她不放弃，也不让问题继续下去，她说："我会从错误中吸取教训，再试一次。"经过反思，她意识到销售团队没有看到实施一个更正式的流程的价值。因此，在随后的计划中，她和团队专注于小的、渐进的改进，每次都提供了学习的机会，根据需要进行修改，并向前迈进一步。对于每个实现的里程碑或者小的成功，艾米丽都会和同事们讨论哪些做法是有效的，哪些是无效的，并在他们前进的过程中应用这些经历。

无论付出什么努力，学习总是一条曲线而不是直线。事实上，大多数创新都可以被称为"过程中的失败"。你很少能在一次新的努力中不犯任何错误地学到东西。回想一下你尝试学习一个新游戏，或一项新运动的时候，可能是滑雪、冲浪、打网球、打桥牌、打扑克或电子竞技。你不可能在第一次就做到完美。

抛开专业不谈，研究一再表明，没有失败就没有成功。这与美国企业家和幽默作家马克·吐温所写的类似："**好的决策来自经历，经历来自错误的决策。**"

希尔帕·希瓦甘奇在她的第一次领导经历中，作为供应商评估团队的一员，显然把这个建议铭记于心。她说，他们已经"公平地分享在不同的检验和实验中成功和失败的经历"，并描述她是如何记录自己的经历的："**我在整个过程中一直在一个白板上做记录，当事情没有如预期所料时，我就努力回顾我们所做的，我们哪里做错了，然后补充到列表中。这帮助我们记住了以后不能再犯的错误。**"

"失败不是一种选择"的观点真正让人麻痹的是，它大大增加了永远不要尝试或做任何冒险的事情的压力。这种观点所产生的恐惧和焦虑比那些认为成功的唯一途径是尝试的态度所产生的恐惧和焦虑要大得多。除非你愿意尝试一些你以前从未尝试过的事情，否则你永远不会知道你能做什么。这是另一种思考方法。假设你现在正在做一件你知道如何做的事情。然后有人走过来说有更好的办法。你的第一反应可能是"好吧，没关系，但我现在的方法已经足够好了，而且我这样做很舒服"。但你需要意识到这不是学习或进步的方式。只有当你尝试和经历以不同的方式去做你已经知道如何做好的事情时，你才能学习和前进。

更好的情况是，你对自己说："**我不知道如何做这件事，但我希望能够做到。**"在这种情况下，除了学习别无选择。告诉自己"第一次就做好"是一个荒谬的标准，因为你不会。真正的问题是你能以多快的速度学习，你能多快地从错误和失败中吸取教训，然后才能做出正确的决定。在我们的研究中，人们一再告诉我们错误和失败对他们的成功至关重要，无论是个人的还是专业的。不犯错，他们就不知道自己能做什么或不能做什么（至少在当时）。

这些经历证实了一项研究，即当人们有机会失败时，工作的整体质量会提高。例如，一个陶瓷老师在他的教室里做了这样一个实验，在一个学期开始时，他把学生分成两组。他告诉第一组，无论质量如何，他们制作的陶罐越多，就可以获得更好的成绩（例如，30个B，40个A）。他告诉第二组学生，他们的成绩仅仅取决于他们制作的罐子的质量。不出所料，第一组的学生很快就能制作出尽可能多的陶罐，而第二组的学生在制作最好的陶罐时则非常谨慎和深思熟虑。

令老师吃惊的是，他发现那些做陶罐最多的学生——那些根据数量而不是质量评分的学生——也做出了最好的陶罐。事实证明，制作大量陶罐的做法自然会带来更好的质量。例如，这些学生变得更加熟悉复杂的窑艺，以及不同的烧制位置如何影响产品的美观。冒险、犯错和坚持不懈是创新者和领导者的标志。你需要培养一种探究和开放的精神，充满耐心，宽容错误和善于原谅。

## 树立学习的心态

从个人最佳领导经历中汲取的关键教训不是犯错、经历挫折和失败，尽管它们是显而易见的；**真正的教训是要把自己放在学习的位置上**。没有愿意走出舒适区的愿望，学习就不会发生。正如在军队和医院中常见的，事后回顾的目的不是吹毛求疵，而是从经历中学习，找出哪些没有完全按计划进行。在通常情况下，这需要一种重新构建经历的感觉，将重点放在学习而不是结果上。例如，想一想海军战斗机飞行员在每次飞行任务后的汇报，包括以每小时700英里的速度飞行的"蓝天使"（Blue Angels）喷气式飞机，在18英寸的翼梢分离的时候，通常需要数百个复杂动作，每个错误可能都是致命的。经历丰富的海军飞行员指挥官艾米·汤姆林森告诉我们，在每次飞行后，飞行员都要进行自我问责，自由地谈论什么可行，什么不可行。但是，当讨论没有按照计划进行的事情时，他们不会把错误列为问题，而是用"其他"这个词来讨论那些错误，以及哪些可以被强调为下一次做得更好的教训。当事后回顾不是因为犯了错误被点名，而是为了变得更好时，他们的防御心态就会大大减弱，学习就会在"其他"的经历类别中发生。

在我们的研究中发现，大多数努力学习的人也是最频繁践行典范领导者的五种习惯行为的人。其他学者也已经证明，大多数好学的人更擅长做从零到一的事情，在兼并收购中发挥重要作用，重振一个组织，洽谈一份关键合同，诸如此类。换句话说，你越是好学，你的领导力就越强——几乎在任何事情上都是如此。

**培养自己成为积极学习者的能力类似于拥有一种成长型思维，即相信人的基本素质可以通过努力得到提高和增强**，而不是像固定型思维那样，认为一个人的素质是固有的、不变的。拥有了成长型思维，你就会相信你（和其他人）可以通过学习成为更好的领导者，而持有固定型思维的人，认为再多的培训或经历也不能使人比现在更好。例如，研究已经表明，在处理模拟的商业问题时，与成长型思维模式的人相比，拥有固定型思维的人更容易放弃，表现得更差。同样的道理也适用于学校里的孩子、操场上的运动员、教室里的老师，甚至恋爱中的情侣。在我们的研究中，有成长型思维的人比有固定型思维的人更愿意接受挑战，遇到困难时更能够坚持，遇到阻力时更加坚韧。成长型思维的人相信人是可以改变和成长的，他们愿意鼓励创新，并专注于从挫折中学习。他们更倾向于支持他人的尝试。拥有固定型思维的人总是回避挑战的情况，不愿意敞开心扉接受任何形式的反馈。在决定接受挑战性的任务时，是思维和心态，而不是技能在发挥关键作用。

**要让自己和他人培养一种成长型思维，你需要拥抱挑战**。这是学习的本质所在。当你相信你可以不断学习时，你就能够学习。只有那些相信自己能变得更好的人才会努力去做。当你遇到挫折时——而且还会有很多挫折——你必须坚持。领导者不会轻易放弃自己或他人，当事情没有按照预期进行时,你需要把结果看作暂时的、局部的、可变的。"我们能从这次经历中学到什么?"是典范领导者的口头禅,而不是"谁需要担责?"。领导者越是频繁地问"当事情没有按照预期发展时,我们能从中学到什么?",他们的同事就越认为他们是卓有成效的领导者。对于那些只观察到一个人有时或更少参与这种领导行为的人来说,只有11%的人强烈同意这些人是卓有成效的领导者,61%的同事给那些经常专注于学习而不只是专注于结果的人更高的评价。

## 坚韧不拔

不确定性和风险伴随着任何让事情变得更好和改善现状的努力。关键是你如何应对和处理不可避免的错误、挫折、失败,以及随之而来的压力。对领导者来说,更多的是向前进,而不是简单地向后退。同样重要的是,你如何帮助他人处理改变所带来的压力。研究人员发现,与那些无法有效应对挑战和不确定性带来的压力的人相比,坚韧的员工旷工的次数更少,工作满意度更高,工作时间更长,身体更健康。

个人最佳领导经历都是困难的、有压力的项目激发人们的热情和快乐的例子。

受访者报告说,挑战性的经历激励了他们,而不是使他们变得疲惫不堪。这种内心的感觉就是研究人员所说的**"坚毅"(Grit)。坚毅是指一个人在缺乏积极反馈的情况下仍然对目标保持激情和毅力的能力。**在我们的研究中,我们发现一个人的勇气水平和他们报告践行与挑战现状相关的领导行为的频率之间存在显著的正相关。坚毅和领导力之间的关系不受一个人的性别、年龄、教育水平、种族或国籍的影响。坚毅的品质让你更愿意冒险,更愿意从经历中学习。

在压力大、风险大的情况下成长和发展很大程度上取决于你如何看待变化。例如,心理学家报告说,**经历过高压但仍能积极应对的人对压**

力有一种独特的态度,他们称为"内在意志"(Psychological Hardiness)。研究人员发现,在不同的群体中,如企业管理者、创业者、学生、护士、律师、职业人士、艺术家、士兵等,意志力强的人比意志力弱的人更能承受巨大的挑战,并从失败中恢复过来。让人生病的不是不确定性和挑战带来的压力,而是他们应对压力事件的方式。好消息是,内心强大是一种你可以学习和增强的态度。

**内在意志包括三个关键信念:承诺、控制和挑战。**要将逆境转化为优势,你首先需要全身心投入所发生的一切中。你必须全力以赴地参与其中,充满好奇心。你不能坐视不管,等着事情发生。当你全力以赴时,无论你在做什么,你都能发现一些有趣、有意义或值得做的事情。你还必须掌控自己的生活。你需要努力影响正在发生的事情。虽然你所有的尝试可能都不成功,但你不能陷入无能为力、被动或感觉像受害者的思维中。你也不能否认,或者感到无所事事、无聊和空虚。最后,如果你想拥有强大的心理,你需要把挑战看作机会,从消极和积极的经历中学习。你不能保守行事。个人的进步和自我实现来自不断参与生活中的不确定性。

在 2020 年新冠肺炎疫情期间,那些处理危机最好的案例是那些坚韧不拔的人。尽管经历了痛苦、失去和伤痛,但他们仍保持希望,并在所需的各种个人变化中找到更大的使命。他们做出个人承诺去做一些事情,即使非常小的事情,去控制他们所能控制的事情。他们自愿帮助他人,把自己的小公司业务转移到需要食物或设备的地方,为最需要帮助的人搬运物资,或者想方设法地向护理人员和急救人员表达感激。

蒂芙尼·亨德森最初在一家电脑软件公司工作,她的职务是"前台协调员",也被称为"接待员"。蒂芙尼天生就是一个问题解决者,她在工作中努力"解决任何需要解决的问题",并有一种"让每个问题都有解决方案的观点"的控制感。此外,蒂芙尼喜欢挑战。例如,在公司一年一度的夏季野餐会上，当两辆预定的食品车只有一辆到达时，她并没有感到恐慌，而是想："我们就想办法解决这个问题吧。"然后，她订购了比萨饼来弥补没有到货的食品。蒂芙尼把这种情况看作一种挑战，立即派人去处理，并控制了混乱。这就是内心强大的全部含义。

当努力和计划没有达到预期效果，意外情况出现时，你可以帮助自己和同事更有效地应对，有效的办法就是去创造条件，让人们感受到承诺而不是疏远，让人们能够掌控局面，而不是感到无能为力，这种挑战更多地被视为实现伟大的机会，而不是对现状的威胁。当感觉自己无法参与、不重要和受到威胁时，没有人能创造出卓越。当你让人们思考他们的最佳状态的时候，他们就会变得更加强大和坚韧。

## 挑战现状的行动指南

寻求改变是一段穿越未知的旅程。这个过程在检验你的技能和能力，可让那些休眠的、未开发的，甚至是无法想象的天赋被激发出来。挑战是领导力的训练场。因此，典范领导者会寻找机会来改变，即使这些机会有时是强加给他们的，而不是他们自己选择的。如果有任何事情让你、你的团队、项目、部门或社区陷入一种虚假的安全感，你就需要继续努力。你需要走在变革的前面，而不是落后于它，去追赶它。你的注意力应该更多地集中在未经检验和试验的操作上，而不是常规的操作上。你要不断参与和创造新的首创工作，问："有什么新鲜的事吗？接下来是什么？更好的是什么？"这就是未来。

要乐于尝试，从错误和挫折中学习。识别并消除阻碍创新和创造力的自我约束和组织惯例。创新总是有风险的，要创造心理上的安全感，将失败视为尝试的一种常态。与其惩罚它，不如鼓励它；与其试图改正错误，不如从中吸取教训；与其增加规则，不如灵活应变。要拥抱持续改进并终身学习。

培养拥抱变革的强大心态。走出常规的束缚，尝试创造的可能性。营造一种氛围，让你和你的同事都能接受变得更好的挑战。通过拥有和培养一种心理强大的态度，你可以把任何潜在的混乱、创新和改变的压力变成一场冒险。从开始就践行，迈出第一步，创造小小的胜利。

在下一章中，我们将阐释如何使人们在信任关系中一起工作。我们将探索如何通过促进协作和增强他人来使众人行。

---

以下是两个可以增强你的挑战现状的能力的持续行动建议。

**寻找机会**。你可能知道创新很重要，尝试新事物可以带来意想不到的成功。当你不断挑战自己和同事时，请记住，任何人、任何地方都有可能产生变革性的想法。去接触并确保你在和来自不同背景、专业和观点的人讨论挑战。更多更好的想法来自整合不同的思维方式。在寻找做事的新方法时，要确保你是包容的，并充分接触团队之外的人，看看组织的其他部门的人会说些什么。问自己这样的问题："谁能给我们一个新的视角？""我可以在哪里获得我以前没有获得过的反馈？"去寻找你的团队之外的视角。

**尝试与承担风险**。如果周围的人认为"如果它没坏，就不要去修复它"，你就需要改变这种想法。在你"修复"它们之前，事情并不一定就会变得更糟。良好的判断来自经验，而经验是试错并从中学习的结果。改变你的思维方式，与你的同事们经常对话，讨论什么是正确的，什么是不可能的，以及什么是未来可以改变的。因为人们通常很难讨论错误和挫折，提醒你的同事，讨论失败是为了学习和成长，而不是责备和指责。在任何尝试中，让每个人都关注小小的胜利和正在取得的进步。

读 书 笔 记

# 第 5 章
# 使众人行

作为一名技术分析师，凯尔·巴内尔斯习惯了混沌状态——他经常被分配到有各种日程安排、质量和/或成本问题的棘手项目中。当他开始在一个大型零售 IT 组织工作时，他被分配到一个大型品牌重塑项目中，该项目涉及业务中的各个团队。凯尔说，这个项目有一个"几乎不可能完成的截止日期，一堆未解决的问题，以及缺乏清晰度的过程"。团队士气低落，因为参与的团队尚未从以前的失败中恢复过来，并且项目面临着重大的实施挑战。

虽然凯尔没有担任任何正式的领导角色，但他很快意识到最迫切的是在各利益相关者之间建立团结。IT 团队和主要业务伙伴之间存在着紧张和不信任的关系，以前的项目令人不快的经历制造了一个高压、缺乏热情的工作环境。"这个项目之前缺乏组织，导致业务和 IT 团队之间失去信任，导致在每个缺陷都被修复和每个改进都被交付之前就结束项目。"凯尔告诉我们。最佳实践经历和工具的缺乏也是团队持续出问题的一个主要因素。凯尔引入了一个"发布管理"系统的项目知识，该系

### 非职领导：人人都有领导力

统提供了一个能够极大地帮助计划、调度和组织的过程。他的领导挑战是让每个人都参与进来，与这个系统一起工作。他说："在迎接挑战的过程中，我看到了项目和团队的需要，也看到了机会。""团队被赋予一项艰巨的任务，却不知道有一个完整的最佳实践方法，以及能够帮助他们成功的支持过程和工具。"

凯尔知道他没有权力组织这样一个会议，并告诉人们该做什么。他意识到，他必须首先让团队彼此信任，建立富有成效的工作关系。这需要增强他们的能力和信心，使他们知道如何利用和受益于新的系统。他知道他在 IT 团队中的同事都希望事情能更顺利地运行，并实现项目的成功。于是，他开始与团队成员进行一系列对话。为了获得业务合作伙伴和其他项目团队的信任，凯尔花时间向他们介绍系统的好处。他与每个人都分享有组织的项目发布后的执行计划，并保持沟通。

显然，新的流程和工具起了作用。他的同事们相信，确实有更好的方法来组织重塑品牌的项目，他们找到了以前没有意识到的合作方式。凯尔说："当大家团结在一个共同的实践上时，每个人的信心都在增加，因为明确了角色和责任，人们对自己在公司和团队中的位置感到更加安全。"在增强同事的能力和信心方面，凯尔能够加强团队合作关系，实现对业务完成的重大影响。

凯尔的经历很好地说明了所有典范领导者都知道的一件事：领导不是独自前行，而是团队的共同努力。在我们研究过的数千个领导力案例中，还没有一个领导者没有积极参与并依赖于他人的支持和贡献的案例。同样，在团队成员之间制造竞争并不是实现团队最高产出的方法。恰恰相反，当领导者处于最佳状态时，人们会充满激情地说团队合作是通往成功的人际关系之路，尤其是在条件极具挑战性和紧迫性的情况下。他们明白，领导力的一个基本挑战是创造一个环境，让团队、部门或项目中的人员能够相互协作。领导者知道，为了让其他人发挥出最佳水平，他们需要提高每个人的能力和信心，并促进建立在信任基础上的关系。

最卓有成效的领导者是那些经常践行"使众人行"的领导行为的人。被测评者请求他们的同事完成 LPI 的观察者评价，以显示他们观察到测评者践行"使众人行"的六项领导行为的频率。同事们也被要求评价被测评者作为领导者的有效性。统计分析显示，当同事们指出被测评者越频繁地践行这些领导行为时，他的领导有效性也增加了。

## 促进协作与建立信任

无论在组织内外，信任都是人际关系的核心问题。没有信任，你无法领导。不能信任他人的人无法成为领导者，因为他们不能容忍依赖他人的语言和工作。所以，他们要么自己独自完成所有工作，要么密切监督他人工作，成为过度控制的微观管理者。因为他们不相信他人，结果是他人也不相信他们。

心理学家发现，能够信任他人的人比那些以怀疑和不信任的眼光看待世界的人更快乐，信任他人的人更容易被同事喜欢，也经常被当成朋友。他会更多地倾听他信任的人，更容易接受他们的影响。最有效的领导情境是团队中的每个成员都信任领导者，以及彼此之间相互信任。当瑞秋负责组织一个年度非营利性健康展览会时，她很快意识到，两位参与组织的员工没有一个向她汇报工作，她不得不通过"信任和尊重对方来赢得信任和尊重"。瑞秋描述了与她合作最密切的两名核心员工如何通过"我们平等地信任彼此，并且坦诚地反馈、提出建议或批评，我们能够很容易地交换意见，面对分歧，消化不同观点，并得出合理的结论"。

请想象一下你的团队成员，想象他们参与了一个研究项目的角色扮演练习。每个人都得到了一个关于艰难政策决定的事实信息（如预算削减），然后他们被要求作为一个小组来解决这个问题。在这项研究中，一半的成员被要求相互信任。他们被告知："你从过去的经历中学到了，你可以信任团队中的其他成员，可以公开表达自己的感受和不同观点。"对另一半成员的预期正好相反，他们准备面对互不信任的行为。每个团队之间的互动将会如何进行呢？当你得知这两个组的成员在互动和解决问题的方式上存在显著差异时，你会感到惊讶吗？

该研究表明，被告知可以信任他们的角色扮演同事和经理的小组成员报告说，他们的讨论和决定在每个衡量因素上都明显比低信任组的成员更积极。高信任度组的成员彼此更开放，更容易澄清对小组的问题和目标，并寻找更多的解决方案。他们还报告说，信任关系对会议结果、会议的满意度、执行决策的积极性，以及作为一个团队的亲密度都有更大的影响。

重要的是要记住这些都是模拟练习。它们确实发生了，但参与者只是在扮演角色！人们的行为和反应方式都是被告知他们是否互相信任的结果。他们的行动表明，信任或不信任可以来自一个简单的建议，而且只需要几分钟。一个人是否信任他人是一个重要的预测因素——人们将如何行动，他们将对自己的组织有多满意。

当你倾听的时候，你向人们表明你信任他们，为他们提供自由贡献、做出选择和创新的机会。当你培养开放性、参与性、个人满足感和对追求卓越的高度承诺时，你就表现出了信任。你知道信任必不可少，确保自己考虑不同的观点，借鉴他人的专业知识和能力，让他人对团队决策产生影响。这样的行为让人们相信，他们可以依靠你来做对每个人都有利的事情。

虽然信任是一个相互的过程，但你要首先信任他人。当你说"我相信你"，但你的行动却表明你没有信任他人，或没有花时间去倾听和接受影响时，信任就不会产生。信任激发信任。事实是，信任是第一位的；

其他是第二位的。没有信任，"咱们"的感觉就不会发生。

## 关爱他人

关爱他人是判断一个人是否值得信赖的最清晰、最明确的信号之一。当他人知道你将他们的利益置于自己的利益之上时，他们会毫不犹豫地信任你。然而，这是人们想要在你的行动中看到的——行动，比如倾听，关注他们的想法和关切，帮助他们解决问题，并对他们的影响力保持开放。当你对他们的想法和关切表现出开放的态度时，人们会更愿意接受你的想法。例如，阿比·穆卡纳奇里是一家健康和测量公司的产品运营专家，他告诉我们，他的一位同事被要求为一个新项目编写规范。"我同事对这个项目的所有工作感到不知所措，"阿比说，"我感觉作为一名团队成员，应该伸出援手。我走过去，提出要帮助他。其他队友也受到鼓舞，一起伸出援手。最终，我们都为项目需求的新流程的实施做出了贡献。"展现同理心可以很好地说明你关心的不仅仅是你自己的利益。

**倾听和关注他人的需要是表达同理心的关键。**你需要从他人的角度看世界，并确保你考虑了不同的观点。当你自愿与在完成任务时遇到困难的人合作时，当你提前到公司问候每个人并询问他们的近况时，当你花时间指导新同事时，你都表现出了同理心。对他人表现出兴趣，对他们的问题敏感，并表达同理心能提高人们完成工作的能力。你的同事必须感到他们可以自由地和你谈论他们面临的挑战；可以开放地分享他们的想法，他们的挫折，他们的梦想，他们相信你会关心和建设性地回应他们的想法。他们像阿比的同事一样，感觉你在乎他们的最大利益。人们根据自己的个人最佳领导经历，经常重复说："你必须了解他人的感受，并决定你能做些什么来帮助他人获得成功。"你需要让他人记住你是愿意服务他人的，而不是被服务。

当人们相信你关心他们的利益时——你关心他们——他们更有可能接受你的影响。人们越是感觉你倾听他们，理解他们的感受和观点，他们就越会对他们和你的关系感到满意。试想一下，同事们表示他们的同事积极倾听不同观点的程度与他们对工作场所的感受之间的实证关系。LPI 数据显示，同事们对一个人倾听的频率的评价与他们认为他能充分发挥人们的才能和能力之间有很强的关联，如图 5 所示。同样，积极倾听与同事感到被重视的程度，以及他们感受到的强烈的团队精神之间也存在重要的关系。

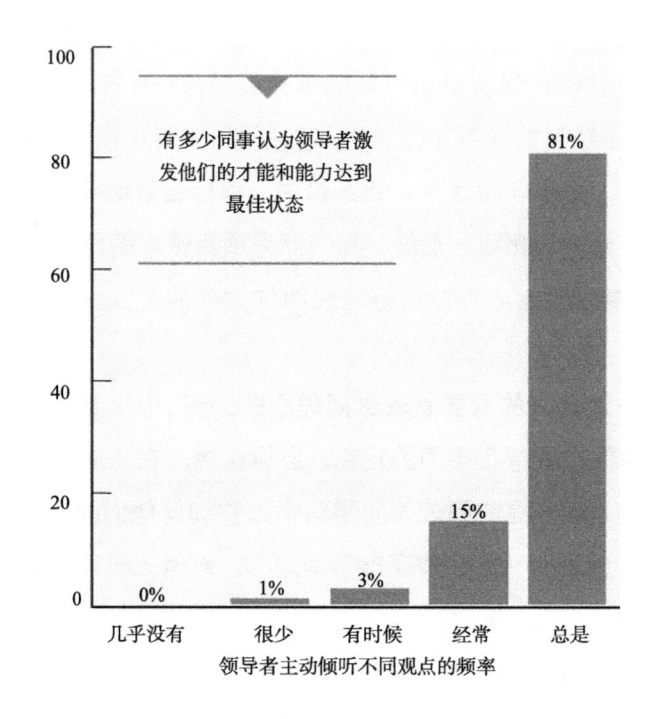

图 5　通过倾听不同观点来激发人们才能和能力达到最佳状态

积极倾听不仅仅是集中注意力。根据一项有近 3 500 人参与的教练技能培训项目的研究，在他人说话时，最好的倾听者不是保持沉默者。最好的倾听者通过提出"促进探索和洞察"的问题来证明自己在倾听。

最好的情况是，积极的倾听就像交谈一样。这需要的不仅仅是听对方说话，还要以一种使对话成为积极体验的方式参与，使被倾听者感到被重视。欣赏他人独特的观点是对他们和他们想法的尊重。对他人的经历保持敏感可以增强彼此的关系，让彼此更容易接受他人的指导和建议。好的听众也倾向于提供建议，他们被形容为"蹦床"，因为你感觉你可以从他们那里得到反馈。拥有这类人的最大好处是可以建立信任关系，并促进积极的相互依赖。

## 促进积极的相互依赖和互惠协作

协作最重要的因素之一是相互依赖感，在这种情况下，人们知道，除非其他人成功，否则他们无法成功，或者至少，如果他们不协调自己的努力，他们无法成功。如果没有"我们同舟共济"的观念，没有一方的成功取决于另一方的成功的观念，那么几乎就不可能为积极的团队合作创造条件。在自己的工作上努力工作和牢记团队的共同目标的动机，会在获得最终结果的奖励时得到加强。

这正是马彦·哈特纳迦在他的个人最佳领导经历中描述的情况。从圣诞节到新年的假期里，在一家小型光学传感器初创公司，他和两个不同职能部门的人"被迫结成团队"。然而，他说，在他们一起工作的过程中，他们更好地了解了彼此，"随着我们一起成长，我们认识到需要彼此的信任与合作，我们变得无话不谈"。要想成就非凡，人们必须相互依赖。无论在团队中扮演什么角色，你都必须创造积极的合作环境和职责明确的角色分工。正如马彦所报告的，"团队成员的合作很容易，因为我们共享自主权，我们每个人都希望看到项目成功，并尽快完成任务"。

在 LPI 的数据中，超过 80% 的同事表示，当他们的同事经常"与同事建立协作关系"时，他们会感受到强烈的团队精神。这是因为协作源于人们理解他们必须依赖彼此才能取得共同的成功。团队的目的使人们团结起来共同努力。共同的价值观和愿景为长期服务,而团队目标提供了短期的关注焦点。只有通过共同的目标和彼此认可的相互依赖,人们才能努力创造一个完美的解决方案。当人们意识到他们可以依靠他人时,寻求帮助和分享信息是很自然的。当人们看到自己处于一种互利的关系中,他们会毫不费力地找到并设定共同的目标。要确保与你共事的人明白他们的工作目标,对结果有共同的利益,欣赏人们努力工作所贡献的才能和资源,并保持必要的灵活性,既具有想象力,又具有战略眼光。

互惠原则对发展合作关系至关重要。互惠的力量在一系列著名的关于囚徒困境的研究中得到了证明。双方(个人或团体)面临着一系列的情况,在这些情况下他们必须决定是否合作。他们事先不知道对方会如何表现。有两种基本的策略——合作(什么都不说)或竞争(指责对方),以及基于玩家做出的选择的四种可能的结果——赢-输、输-赢、输-输和双赢。

当一方选择非合作策略而另一方选择善意合作时,第一方收益最大。在这种"我赢,你输"的方案中,一方以牺牲另一方为代价获得利益。尽管这似乎是最成功的策略——至少对不合作的参与者来说是如此——但从长远来看,它很少会成功,主要是因为面对第一个参与者的非合作策略,另一个参与者就不会继续合作。这通常导致双方决定不合作,并试图最大化各自的收益,最终导致双方都输。然而,当双方选择合作时,双方都是胜利者,尽管在短期内,合作(双赢)的个人收益可能低于竞争(赢-输)带来的单边受益。

多年来,研究人员发现,当面对这样的困境时,从长远来看最成功的策略非常简单:在第一步协作,然后做其他玩家在前一步所做的事情。这一策略的成功在于引起他人的合作,而不是击败他们。这表明,他们既愿意协作，又不愿意被利用。作为一项长期战略，互惠原则可以最大限度地降低升级的风险：如果人们知道你会以牙还牙，他们为什么要找麻烦呢？你的同事会知道，最好的办法就是协作，成为你协作的接受者。

简单地说，互惠的人比那些试图最大化个人利益的人更有可能成功。根据调查和业绩记录，研究人员发现，那些与同事保持平等互惠交流的工程师不仅是组织中最具生产力的，而且被认为是最值得信赖的。这意味着更多的人倾听他们，愿意帮助他们。

**互惠带来关系的可预测性和稳定性，换句话说，就是信任。**当你知道他人会如何反应时，与他们共事的压力就会减小，这可以避免关系和谈判破裂。你希望他人如何对待你，你就应如何对待他人，他们很可能多次报答你。此外，一旦你帮助他人成功，认可他们的成就，并让他们绽放光芒，他们就永远不会忘记你。无论协作的回报是有形的还是无形的，当人们认识到通过合作会过得更好时，他们就会倾向于承认他人利益的合法性，以努力促进自己的福祉。

## 给予更多

如果一方总是给予，另一方总是索取，那么给予的一方会感觉自己被利用了，而索取的一方会感到自己很优越。在这种环境下，合作几乎是不可能的。研究人员发现，那些充满"给予者"——帮助他人的人——的组织总是比那些充满"索取者"的组织更高效。了解人们是否愿意彼此给予是预测一个团队是否高效的准确指标。在一系列的研究中，整体表现最好的团队会得到奖励，将促使成员作为给予者一起工作。相比之下，如果团队中表现最好的个人会得到奖励，那么就会产生"索取者文化"。虽然竞争团队比合作团队能够更快地完成任务，但他们的准确性较差，这往往是因为成员之间相互隐瞒了关键信息。

为了提高参赛队伍的准确性，研究人员让他们在给定的团队背景下完成第二项任务。也就是说，这一次是奖励整个团队的高绩效。遗憾的是，准确度和速度都没有提高，原因是人们难以从竞争过渡到合作，也就是说，从索取者过渡到给予者。似乎人们一旦将他们的同事视为竞争对手，他们就不再能够相信同事。即使在相同奖励下完成一项任务，也足以产生赢输心态，甚至在这种奖励政策被去除后，这种心态依然存在。

协作行为要求人们明白，通过一起工作，他们将能够完成独自难以完成的任务。你不一定认为击剑是一项团队运动，但这是击剑冠军扎卡里·齐努力让他的学生在练习过程中意识到的。他说，他最困难的挑战是"创造环境，培养所有学生之间的协作，因为说到底，击剑是一项个人运动，运动员往往优先考虑自己的发展"。

击剑运动员往往很有竞争力，不像其他团体项目的运动员那样善于社交和联系。为了解决这个问题，扎卡里创造了需要"给予"的技能游戏和训练。例如，学生们会互相击剑，在每次得分后，得分的一方需要告诉对方这一分是如何取得的。扎卡里发现，一旦运动员开始表现出更多的相互支持，他就能让他们参与到其他的想法中，培养协作和共享增长是符合每个人的最佳利益的："我告诉他们，他们不能靠自己成为最好，我也不能独自帮助他们成功。他们需要一起练习的人的支持。要成为最好，你必须打败最好的。"

想出如何尽可能多地从他人那里获取，同时尽可能少地给予，这并不能创造伟大。你需要确保一起工作和给予的长期利益大于单独工作或与团队中的其他人竞争的短期利益。你需要让人们意识到，与专注于做自己的事、抱怨、责备或与他人争夺稀缺资源获得的短期的个人胜利相比，通过协作，他们可以更快地完成任务。

## 保持持久的社会联系

互联网和物联网时代的新货币不是智力资本，而是社会资本——你

**认识的人和你将为彼此做的事情的集体价值。** 当社会联系强大且数量众多时，你就会有更多的信任、互惠、信息流、集体行动和幸福感。与财富、收入和物质财富相比，强大的社会关系是预测一个人幸福程度的最佳因素；那些未能达到这一最基本需求的人会经历孤独、焦虑、抑郁、自卑、肥胖和愤怒。你需要找到连接信息、资源和影响力的方法，你需要有所作为。在这个过程中，找出一些实质性的方法，让你的同事彼此联系，也让你的团队或团队之外的同事成为其他关键人际网络的一部分。

社会关系的重要性在新冠肺炎疫情期间得到了显著体现。当世界上几乎所有人都被要求保持"物理距离"时，人们对社会联系的渴望却增加了。人们发明了各种各样的方法来继续与他们的同事互动。当人们不得不在某个地方避难时，虚拟的咖啡休息时间和鸡尾酒时间马上就出现了。

居民们站在阳台上唱歌。朋友和家人会开车过来庆祝生日和毕业典礼。对虚拟聚会的需求几乎超越了互联网。人们发明的保持彼此联系的创造性方法似乎没有尽头，即使在最糟糕的危机中。

人脉最广的人通常是那些超越本部门和专业的人，他们避免在某一领域、职能、行政机构或社区中被过分定型。他们想办法认识来自不同单位、部门、项目和职业的人。虽然专业化有它的好处，但从领导力的角度来看，你不应画地为牢。如果你的人际关系只局限于你的专业领域，那么你的影响力会比拥有的人际关系带来的影响力小很多。说到社会关系，深入而广泛地拓展是大有裨益的。

当你和你的同事对彼此的关系有足够的信心，在需要寻求帮助时，可以培养更深的关系。在被请求时给予他人帮助的冲动是一种早期形成的强大的、自动的、情绪化的反应。然而，在很多情况下，人们低估了他人提供帮助的意愿。当有人寻求帮助时，说"不"是有社会成本的。

这个人可能被视为冷漠、不讲道理、麻木不仁，甚至残忍。相比之下，说"是"是更积极和有益的，同意帮助或合作增强了人与人之间的联系。通过让他人快乐，同意帮助他人的人也会自我感觉良好，并增强他们之间的联系。研究人员已经证明，人们在请求帮助时低估了近50%的得到积极回应的可能性，这导致失去了很多机会，如结识新朋友、同事和客户，浪费了增加联系的机会。当你与他人产生关联时，你更有可能主动提供帮助，就像旁观者经常表现的那样，如果他们感觉自己与紧急情况下的求助者有关，他们更倾向于提供帮助。

感觉和同事有关联可以增强幸福感，并促进对同事更大的承诺。研究表明，高质量的联系有助于带来更好的健康、更高的认知能力、更广泛的思维和更强的韧性，拥有高质量关系的人也对值得信任或不信任有更好的感知。他们能够更开放、更充分地理解自己和他人的观点。

通过与那些可以教你获得想要的技能和想要实现的目标的人建立联系，你可以更有效地发展领导力：了解他们的奋斗、困难、错误及成就。考虑与那些不是特别知名，却表现出深刻洞察、坚定不移的奉献精神和对自己有清晰认知的人建立联系。最重要的是，选择那些让你感觉更好的人。毕竟，建立关系的目的是鼓励和激励你成为最好的自己。高级工程师特拉维斯·卡里根告诉我们，他多年来一直在这样做，这带来了一些很棒的机会和合作。"这些关系，"他说，"在帮助我成为一名更好的领导者、倾听者和工程师方面发挥了重要作用。"

那么虚拟联系呢？这难道不是促进协作和建立信任的好方法吗？毫无疑问，虚拟联系非常丰富，而且在全球经济中，如果人们不得不飞越半个地球来交换信息、做出决定或解决争端，那么任何组织都无法运转。这一点可以从新冠肺炎疫情期间虚拟通信的指数级增长中得到证明，这种需求导致了新的应用程序和平台的开发。随着大部分人居家工作，几乎所有教育机构的课程都搬到了网上，虚拟联系成为人们交流、学习和开展业务的最常见方式。

敲击键盘、点击鼠标或切换视频所得到的结果并不像面对面交谈那样好。在一个越来越依赖虚拟联系的时代，人们倾向于相信虚拟的联系会自动带来更好的关系和更大的信任。遗憾的是，建立和维护虚拟信任要比建立和维护面对面的信任困难得多。即使在 Z 世代（占当今员工总数的 20%）中，也有 72% 的人表示他们更喜欢在工作中进行面对面的交流。

**虚拟的信任，就像虚拟的现实一样，距离真实的事物仍然只有一步之遥。** 人是社会性动物，他们的天性就是想要面对面的交流，比特和字节及像素化的画面构成了非常脆弱的社会基础。尽管电子邮件、语音邮件、应用程序和文本等虚拟工具非常方便，但它们并不能取代积极的面对面交流。如果你从虚拟环境了解你的团队成员，那你可能还不够了解他们，还不能在很重要的事情上信任他们。在一个越来越依赖电子联系的世界里，这听起来可能有点异想天开，但你必须弄清楚如何将技术的好处与人际交往的社会必要性结合起来，并取得平衡。数据和信息可以在虚拟环境中共享，但要确保相互理解、敏感、知识等完全在线或远程行动仍有待解决。

**为了巩固社会资本，你必须强化关系的持久性。** 那些喜欢这种关系并希望关系互动持续到未来的人——例如，他们会在某个活动中偶遇对方，继续在这个项目团队中服务几年，或参与随后的任务小组——更有可能在此时此地合作。你知道必须再次与某人打交道，无论是明天、下周，还是在可预见的未来，可以确保你们不会轻易忘记曾经的友好相处。当互动可能频繁时，今天的行为对明天合作的影响就会更加明显。最后，持久的关系，而不是一次性的或短期的关系，会激励人们找到合作的方式，确保双方在未来取得成功。

## 授权赋能他人

虽然看似矛盾，但最卓有成效的领导者是那些把自己的权力交给他人的人。也就是说，让他们身边的人感到强大和有能力。他们倾听并信任他人的想法，确保人们在重要决策时不会感到被排除在外。他们帮助同事获得自主权，并对成果产生责任感。他们增强了身边人的能力和自信。

感觉强大——确切地说，感觉"有能力"——来自对生活的掌控感。世界各地的人都有这种倾向。当他们感觉自己有能力掌握自己的命运，当他们相信自己能够调动必要的资源和支持来完成一项任务时，他们就能更好地努力来实现目标。但是，当人们感到被他人控制，他们认为自己没有得到支持，或者缺乏必要的资源时，他们就会表现出很少或根本没有追求卓越的决心（尽管他们可能仍然要服从）。当你增强了他人的自信，使他们感到更强大时，你就大大提高了他人致力于有效工作的能量和努力。盖洛普对全世界数百万人进行的调查显示，人们在工作场所中感到的权力和投入程度与生产力、承诺和保留率之间有着密切的联系。

传统思想提倡一种古老的观念，即权力是一个固定的数值，如果你把自己的任何一种权力给了他人，你的权力就会减少，会变得更弱。不出所料，持这种观点的人紧紧抓住他们认为属于自己的权力不放，极其不愿意分享它。但这种观念是错误的，而且与所有关于高绩效组织的证据都不一致。当你给他人一些责任时，他们会对这项任务投入和充满热情。与其说你是在放弃权力，不如说你是在为人们提供机会，让他们使用已经拥有的"权力"去做决定，去感觉对自己正在做的事情有控制权。研究人员发现，组织有效性和成员满意度源于人们认为自己在组织中有一定程度的影响力和控制力。在整个组织中，权力共享会带来更高的工作成就感和绩效。

这些职场经历与德玛蒂娜·卡林的个人最佳领导经历产生了共鸣，她讲述了她的 14 位家庭成员是如何应对拉拉阿姨的疾病的。卡林的故事始于她认识到她的家庭没有很好地处理危机。她说："我们固执己见，不愿改变——远离以健康的方式交流。"这种健康的交流需要他们像一个家庭一样齐心协力，这是他们以前从未有过的。除了日常的生活和工作，还有很多事情和细节需要处理，包括开车送拉拉阿姨去看医生、做饭、与医生交谈，以及在九个不同的地方与其他家庭成员交流拉拉阿姨的病情。他们还加入支持团体、支付账单、与保险公司沟通。卡林很快意识到放弃权力的重要性。她解释说：

> 我曾经努力控制我所参与的项目的大多数方面。然而，在这种情况下，我真正学会了将领导力视为一种关系的重要性。放开我的权力，让特定的亲戚来负责特定的项目（例如，特定的医生预约），这比我想象中容易。家庭成员感到被需要和被授权。他们感觉自己在糟糕的情况下产生了积极的影响。我一直认为人们讨厌接受更多的工作，但我现在意识到，如果工作对接受者很重要，那么，工作就会受到重视和欢迎。
>
> 我的许多家庭成员都拥有我没有的重要见解和创意。通过鼓励他人来分享权力，我的家庭以一种新的和有益的方式来应对拉拉阿姨的疾病。现在，我看到了放弃权力的好处，我甚至会更快地这样做——在我的家庭和我的工作中。当新的困境和挑战浮出水面时，我更有意识地鼓励人们参与进来或执行他们提出的想法。

正如卡林所认识到的，当你通过有形或无形的方式让他人感到强大时，你就是在展示对他们能力的深刻信任和尊重。当你帮助他人成长和发展时，你提供的帮助和支持很可能得到回报。这样的行为也有助于人们为自己的行为和结果承担责任，并增强他人不让你对他们的信任和信心减少的决心。

## 提供选择的自由

自由是做出选择的能力。当人们认为自己在行为上没有任何选择时，他们通常会用"困住"这个词来形容。当人们感到被困住时，他们通常会像被困在迷宫中的老鼠一样；他们认为自己别无选择，通常会停止移动，最终停止活动。阿曼达·伊蒂隆在描述她接受癌症检查的过程中表达了她的感受。她观察到一名放射科技术人员拿着准备好的饮料来迎接进行 CT 扫描的患者。"这听起来很好，"阿曼达说，"但作为一名患者，如果你不能选择自己喜欢的饮料口味，那就真的很令人沮丧。更糟糕的是，几分钟后，另一个技术人员给她的患者五种不同的口味进行选择。我的技术人员只为我提供了一种口味，甚至没有告诉我还有其他选择。"阿曼达的深刻洞察是："患者需要做出选择，让自己感觉在自己的治疗过程中有一点控制力，而他们通常是没有控制力的。"这在工作、社区或任何其他环境中都同样适用。人们需要掌控自己的生活，你应该尽你所能确保他们有选择权。

**能够做出选择和经历选择的过程，即拥有一种真正的自主感，会让人们感到强大，并增加他们更充分参与的意愿。** 罗格斯大学德尔加多社会与情感神经科学实验室的研究人员报告说，人们对更多选择的感知激活了大脑中与奖励相关的回路，这让人们感到更放松，增强了他们在舒适区之外进行实验和冒险的意愿。

高绩效的组织源于人们愿意在他们的工作职责之外工作，这是因为他们能自由选择他们所做的工作和如何做。在 LPI 数据中，被测评者的同事被问及他们感觉被测评者在多大程度上为他们提供了"决定如何做他们的工作的自由和选择"。当他们告诉他人，他们为这个组织工作时多么自豪时，这与这种领导行为密切相关。大约 5%的人认为，当他们体验到被测评者只是偶尔提供一次或更少的自由时，他们感到自豪。相比之下，**90%**的人强烈认为，当被测评者经常或更多地提供自由和选择时，他们会感到更自豪。

如果工作让人们感到无能或是破坏性的，就没有人在早上醒来后会很兴奋地期待去工作。人们希望被认为是负责任的、富有成效的、主动的、自我指导的。领导者不断地告诉我们该做什么，以及如何去做，这些都会阻碍这些理想。人们想要独立思考，而不是不断地问他人"我应该做什么"。缺乏选择的自由，以及以既定和预先确定的方式行事，使人们无法，甚至不愿在出现意料之外的情况时做出反应。当人们不得不问"上级"该做什么时——即使他们认为自己知道需要做什么，感觉自己能做到，他的整个行动速度也会被放慢。创建高效组织的唯一方法是找到机会，让人们在应用知识和技能时能够使用他们的最好判断。这是信任的充分体现。

然而，尽管自由选择是必要的，但还是不够。如果没有知识、技能、信息和资源来专业地完成一项工作，没有感觉到自己有能力有效地执行所需的选择，人们很容易感到不知所措，害怕犯错。这意味着要尽一切努力确保你和你的同事准备好了做出选择，并愿意承担责任。

## 培养能力和自信

你不能做你不知道如何做的事情。不断增加的责任和判断力要求增加培训和发展经历，以及在工作中学习的机会。为了让人们感到自己能力很强，他们必须不断地提高和发展自己的技能和能力。即使人们知道如何做某事，但并不意味着他们就会去做。他们可能不愿自己做出判断，因为他们在特定情况下缺乏执行关键任务的信心，害怕犯错，或者缺乏有关工作的信息。

没有足够的自信，人们就不会有接受艰难挑战所需要的承诺。外交家、政治家史蒂文森二世曾说过："如果你感觉自己骑在马上很滑稽，那就很难带领骑兵冲锋。"他这一幽默的观察得到了研究的支持。缺乏自信会让人感到无助、无力，而且常常会严重怀疑自己。在建立自信的同时，你也在为身边的人做同样的事情，你在增强他们内心的力量，这是在开拓未知的领域、面对反对意见和做出艰难抉择时所必需的。

实证研究证明了自信是如何影响人们的表现的。一组参与者被告知，做决定是一种通过练习培养出来的技能。他们做得越多，能力就越强。研究人员告诉另一组参与者，做决定反映了一个人的基本智力水平。潜在的认知能力越高，决策能力就越强。两组人都在模拟的组织中解决一系列问题。那些认为决策是一种可获得的技能的参与者持续为自己设定有挑战性的目标，使用有效解决问题的策略，并提高组织的生产力。那些相信决策能力是与生俱来的同行（也就是说,你要么会,要么不会），当遇到困难时，他们对自己失去了信心。他们降低了对任务的期望，他们解决问题的能力降低了，组织效率下降了。卡丽娜·查莫罗在回顾她的个人最佳领导经历时意识到，她最初认为项目团队的分工限制了她提高身边人的能力，因为她既不是项目负责人，也不是部门主管。她真正认识到的是，她不仅可以提高同事的能力，还可以增强他们的自信，只要帮助确保责任和任务的分配方式是"尽可能地将任务与经历和兴趣结合起来"。她解释说："不同的同事会在最适合处理这种情况的时候领导团队，因为他们对某个问题或想法特别感兴趣，或者会受到项目团队决策的影响。"像卡丽娜一样，你可以帮助确定和利用队友的能力，给他们实践领导力的机会。

正如个人最佳领导经历和实证研究中所揭示的——也许你自己的经历也强调了——有信心和相信自己有能力应对挑战，无论多么困难，对于促进和保持持续的努力是必不可少的。培养自我效能并不是积极思考能力的另一种表达。你必须传达你的信念：人们可以成功。这种情绪在大多数人的"个人最擅长"中最明显——有人相信自己，给自己机会就能成就非凡，知道有人期望他们成功，激励他们战胜自己，并在困难和挫折面前坚持下去。

## 培养个人责任感和勇于担责

麦凯尔·贝茨 14 岁就开始打橄榄球，15 岁当选美国 17 岁以下国家青年队队长。上大学后，他继续打橄榄球，大二时，麦凯尔被选为橄榄球队队长。没有任何球员以正式的组织形式向他汇报，麦凯尔意识到，既然他们在场上相互依赖，那么在场外又有什么不同呢？"我们在比赛的成功中都扮演着重要的角色，"他解释道，"所以，我希望球员们有和球场上一样的关系和责任。"当我问球员"你能不能发短信告诉大家今晚的球队会议？"时，他们总能站出来承担责任。渐渐地，麦凯尔开始把责任转移给更多的队员。最终，将一些任务交给大家分散负责是一种更有效的做事方式，它帮助所有做出贡献的人感到对团队的成功负有责任。

麦凯尔在团队中所做的就是所有领导者培养集体责任感所做的事：他们有意识地创造一个环境，让团队成员相互依赖，去做需要做的事情。这并不意味着他们专制或控制欲强。就像他的一个队友告诉我们的那样，"麦凯尔不是分配任务的指导者，他会请求你的帮助，而你也愿意帮助他。他相信我能做好该做的工作，而我不想辜负他的信任。这是一种相互尊重，是对彼此的尊重，也是对整个团队的尊重"。

除了培养责任感，让队友接手一些球队的运营任务还有另一个好处。通过在团队中分散责任，每个团队成员都可以专业地做好一件事，而不是让一个人承担所有的事情。一位研讨会参与者记住了麦凯尔的例子，几个月后，当他见到我们时，他告诉我们他是如何发现给予他人责任可以提高他人的技能和自信的："我有一份兼职工作，麦凯尔的领导让我明白，我可以做的一件事就是把一些责任分给其他人。以前我总是喜欢自己做每件事，但现在我相信与我一起工作的人可以做得和我一样好，如果在某些情况下不能做得很好，我可以指导他们，这将提高他们的能力和增强他们的信心，最终使我们成为一个更强大、更有成效的工作团队。"

就像麦凯尔一样，你必须理解关于增强他人力量的一个基本真理：**只有当人们愿意承担责任时，选择的权力才能得以维持**。人们拥有的选择自由越多，他们必须承担的个人责任就越多。这是有好处的：人们越相信每个人都在为他的项目负责，并且有能力这样做，他们就会越互相信任和合作。当人们相信他们会做好自己的事情时，他们会更有信心去做自己的事情。

担责是每个协作努力的关键因素。当人们为自己的行为负责时，他的同事会更愿意和他一起工作，也更愿意协作。每个人都要尽自己的一份力，让团队有效运作。当人们被组织起来，使得人们不得不相互协作时，个人责任就会增强。知道你的同事希望你做好准备，做好你的工作，这是激励每个人做好工作的强大力量。这种不想让团队其他成员失望的感觉增强了每个人尽其所能的决心。此外，人们越相信其他人都有能力并承担一部分工作的责任，他们就会越互相信任和协作。当人们相信他人也会做好自己的事情时，他们也会更努力地做好自己的事情。

当麦凯尔开始分配给大家传统上属于橄榄球队队长的任务和责任时，他提升了大家的自信。"当麦凯尔让我做一件事的时候，这增强了我对自己能力的信心，"队友布兰登·齐默尔曼告诉我们，"当他让我承担他的一些日常职责时，这给了我完成这些任务的信心和能力。麦凯尔只是给了我使用他认为我已经拥有的技能的权力，但也许我自己没有意识到。他这样做得越多，对整个团队就越有利，因为我们每个人都变得更强大。"

当你明确地给予人们做出选择的自由时，你就含蓄地增加了他们必须接受的个人责任的程度。在相互联系的全球工作场所中，选择和担责之间的相互联系越来越重要。正如麦凯尔的经历所证明的，**培养责任感意味着授权，并为他人提供获得自主权的机会**。通过信任他人，他让他人知道他相信他们，对他们的能力和判断有信心。鉴于他对他们表现出的信任程度，他们相应地感到有更大的动力去履行自己的承诺。当你允许他人承担更多的责任时，你也会因为能够承担新的责任和有自己学习的机会而受益。

## 成为教练和导师

虽然你可以向他人表达你的信心，但你不能只是告诉他们可以做什么，如果他们确实还不能做的话。指导对于让人们能做到最好是至关重要的。一项为期三年的关于培训影响的研究证明了教练辅导的重要性，报告称，进步大的学习者表示，他们进行教练对话的频率是进步很少或没有进步的人的四倍。换句话说，改进不仅仅来自教育，教练和指导的机会非常重要。

人们往往低估了自己能从同事和团队成员身上学到的东西。**教练不是一份工作，而是一个特别依赖于人际关系的互动过程**。这种关系不需要是正式的，甚至不需要得到正式承认。你可以以朋友、同事或家人的身份进行教练辅导，要表现出对帮助他人提升能力和信心的兴趣——关注他的需求，让他参与学习的过程。作为一名教练，你需要明白，**要想让他人强大，不仅需要关注他人的言行，还需要关注他们身边的人是如何看待他们的**。你还需要从根本上相信，你所教练的任何一个人在本质上都是足够聪明的，只要有机会做出选择，得到支持，得到有意义和建设性的反馈，他们就能自己解决问题。跨国零售公司的资深采购员尼尔斯·汉森回顾了自己是如何指导队友做以前从未做过的事的:"我鼓励每个团队成员说出新的想法,提出问题,并感到自己有能力做出决定。我让他们知道我对他们的能力有信心,充分信任他们。我特意提醒他们,他们有能力实现所有的目标。"教练可以帮助人们成长和发展他们的能力,并为他们提供机会来磨炼和提高他们在日常和具有挑战性的任务中的技能。

请想想你怎样才能提出好的问题,不管你的正式身份是否为教练,因为提出问题的好处是难以估计的。首先,它给了人们思考的空间,并从他们的角度来设定问题。其次,提出问题会令对方承担责任,这表明了对他的潜能的信任。最后,它几乎立即为解决方案创造了支持(毕竟,这是他们的想法)。提问也有助于集中人们的注意力和思考。

对教练来说,另一个途径是建立联系,让与你共事的人和有关系的人成为学习的榜样。这些人可以分享宝贵的经验和教训。通过观察范例,人们可以深入了解自己渴望达到的高度。积极的榜样对于成长和发展是必要的,因为没有人能基于消极的榜样超越他人。你最好仿效一个积极的榜样。也就是说,虽然你可能知道100件不该做的事,但如果你连一件该做的事都不知道,那你就不能很好地完成任务。帮助他人在脑海中建立一个施展技能的画面,明白为什么发展这些技能是至关重要的。找出那些你和其他人都能从他身上学到新东西的榜样。

**即使你是教练,你也需要教练,所以,请考虑为自己组建一个教练团队,创建一个个人董事会。**在通常情况下,这样的董事会包括5~7人(他们可能永远不会见面,但会与你建立联系),他们可以帮助你实现个人发展。有些董事会成员可能已经是你的"粉丝"(他们支持你,并善意地提供纠正性反馈),而其他人可能是潜在的"赞助人"(当你面临新任务或获得晋升时,他们可以为你提供支持)。他们的共同点是,他们都是你可以学习的对象。董事会需要这么多人的原因是,没人能教你所有你需要知道的东西。

无论你是一个教练，还是有一个教练，核心问题是，如果你不寻求反馈，不了解你的行为对他人造成的影响，你就不可能知道你做得如何。寻求反馈可以提供一个只有他人才能看到的视角，有了这个视角，你就有机会做出改进。那些寻求与他们的自我认知相反的、不一致的反馈信息的人比那些只倾听、看到他们积极品质的人的反馈信息的人表现得更好，意识到自己的弱点与缺点是提高自己和成为更好的自己的关键。

## 使众人行的行动指南

"你不能独自成事"是典范领导者的口头禅。你不可能单靠自己就创造奇迹。你需要促进协作，增强他人的力量。

促进协作可以使部门、项目、学校和社区有效运作。只有当你提倡"我们同舟共济"的感觉时，协作才能持续。共同的目标和作用有助于相互依赖。知道人们会做出回报是帮助他人实现目标的最佳激励。帮助带来帮助，就像信任带来信任一样。把重点放在要获得的东西上有助于在那些可能引起分歧的问题上达成一致。以自己树立的榜样创造信任的氛围。要确保你的身边和你的人际网络中的关键人物能够相互联系。要努力使这些联系互动持久，并将人们与各种影响和信息源联系起来。

当你让他人能够进行选择和判断时，当你培养他人行动和追求卓越的能力与信心时，当你培养他人对行动担责时，你就增强了他人的力量。典范领导者利用他们的权力和影响力服务他人，因为他们知道，有能力和有自信的人才能有最好的表现。

在下一章中，我们将解释如何在通往成功的道路上保持动力和状态。我们将探索如何通过认可贡献和庆祝价值与胜利来激励人心。

以下有两个你可以采取的行动建议，可以不断增强你使众人行的能力。

**促进协作与建立信任。**帮助会带来帮助，就像信任会带来信任一样，所以你要主动地向身边的人伸出援助之手。首先要建立一种互惠的期望，你对待他人的方式不是你希望他人怎么对待你，而是他人希望你怎么对待他。下次你和同事交谈时，请花点时间仔细倾听，对他们的观点表示同理心，关心他们的感受和信仰。

练习做一个积极的倾听者，对他人的观点做出深思熟虑和富有同理心的回应能够增强你们的关系。讨论为什么你们两人（或更多人）在一起工作，并确保你的回答增强了每个问题中的"我们"。

**授权赋能他人。**当有人遭遇你也经历过的问题时，请分享你的经验教训和建议。如果有人需要帮助，试想一下你是否可以为他提供有用的资源。让人们知道你对他们的能力有信心，当他们在未知的领域尝试时，你会提供支持。在参加工作坊或研讨会后，请把你的收获和想法与同事们分享。把兴趣相投的同事联系起来，让他们有机会分享资源，一起学习，并向彼此提出问题、想法和关切。促进辅导学习，例如，确定哪些共事的同事之间可以互相学习。当你和他人建立起伙伴关系时，你就建立了一个持续学习的团队，并最终促进每个人的成长和发展。

# 第6章
# 激励人心

亚历克斯·丁恩在讲述他的个人最佳领导经历时，提出了许多没有职务的领导者所面临的共同问题。他告诉我们："作为公司的一名产品经理，我经常面临领导跨职能团队的挑战，团队的人员来自工程、市场、运营、销售和支持部门，但我对他们没有任何直接领导的权力。这就很具有挑战性，我需要影响团队成员，让他们把我的要求与他们的直接主管、客户经理、其他产品经理，甚至是他们自己的利益放在一起，做出优先选择。"

这种情况对亚历克斯来说尤其令人沮丧，因为他之前管理过一个直接向他汇报的团队，他觉得自己已经竭尽全力来确保团队的工作得到认可和赞赏。"我有动力这么做，"他说，"因为我觉得对他们的表现、职业发展和工作幸福负有责任。当我变成个人贡献者时，我就不再觉得有责任给别人提供这种鼓励或反馈了。"

*我觉得我的表扬毫无意义，因为我对我的同事没有直接的*

影响。他们是我的合作者，很多人是我的朋友。我说一句"谢谢你"，这是一种"认可"，但我不再刻意去认可或表扬同事的表现，就像我曾经对直接下属所做的那样。

亚历克斯意识到，**当你没有领导职务或职位时，你必须通过更多的同事关系来发现领导力**。亚历克斯解释说："重要的是让我的同事感到我欣赏他们，并重视他们对我的工作和团队的贡献；没有他们的贡献，我的工作就不可能完成。"例如，亚历克斯在最后一刻被指派拍摄一段营销视频，他的高级经理形容为"不可能完成"。为了做好准备，公司的现场服务工程师彼得在前一周每天都工作12小时，已感到精疲力竭并满腹牢骚。

亚历克斯知道彼得住的地方离项目地点有3小时的路程，他决定在拍摄前一晚让彼得住在附近一个不错的酒店，并请他出去吃晚餐，感谢他的努力工作。正如亚历克斯所料，在他们共进晚餐时，彼得抱怨这个项目的通知时间太短，工作时间太长。亚历克斯听了他的抱怨，对他的困境表示同情。然后，他说："我借此机会对彼得的辛勤工作表示感谢，并让他知道，如果没有他，这个项目就不可能实现。"

> 我还让他知道，他是这个项目的英雄，我之所以亲自请他来，是因为他在以前的项目中表现得非常出色。最后，我确保彼得知道他很重要，因为我不具备他所具备的技能，这个项目需要他的这些技能。我让彼得知道，我相信一切都在他的掌控之中，我也相信他有能力完成工作。我向他保证，我会在片场帮忙，如果他需要我做什么，请随时告诉我。

这是漫长的一天，视频拍摄非常成功。后来，亚历克斯给彼得的直接主管，也是他的主管、集团和营销团队的总监写了一封电子邮件，感谢彼得的辛勤工作，并"**把成功归功于他**"。回想起这次经历，亚历克斯说："我意识到，尽最大努力亲自感谢一个人，让他成为众人关注的焦点，并高度认可他出色的工作，可以产生巨大的善意。"彼得的主管打电话来感谢他的邮件和对彼得表现的赞扬。亚历克斯还收到了彼得发来的感谢邮件，并表示他可以在未来的任何特殊项目中再次加入。亚历克斯意识到"给予鼓励和感谢并不需要做出很多努力"，但真正的挑战是要记住这一点，并坚持做到。

和我们交谈过的许多其他领导者一样，亚历克斯知道认可员工的重要性，并对他们的贡献和成就表示庆祝。在个人的最佳领导经历中，领导者一次又一次地报告说，人们的工作非常紧张，工作时间很长，但很享受这种工作。然而，要以这样的速度坚持工作几个月，人们需要鼓励，典范领导者总是想方设法地帮助人们找到他们需要的勇气，去做他们从未做过的事情。

**领导者通过认可个人的贡献和共同庆祝胜利来鼓舞他人。**这些行为是关心和友好的信号，表现出尊重、友好和对他人的关心。人们喜欢那些重视他们而不仅仅是在一起的人。研究表明，**员工表现出积极的情绪，很可能是体验到了和同事的高度协作。**

最卓有成效的领导者是那些最频繁践行激励人心的人。被测评者要求同事完成 LPI 的观察者评估显示，他观察到被测评者践行六种领导行为的频率与激励人心密切相关。同事们也被要求评估他作为领导者的有效性如何。统计分析表明，当同事们指出他越频繁践行这六种行为，他的领导有效性就越高。

## 期待最佳表现

如果你想让人们成就非凡，相信他们的能力至关重要，它是提升业绩的一股强大力量。典范领导者之所以能创造高绩效，是因为他们相信

## 非职领导：人人都有领导力

人们有能力实现最具挑战性的目标。你要对自己和同事有充分的信心，因为这些期望会成为人们应对现实的支持。即使他们的视角与实际可能发生的情况不同，他们也更有可能看到他们期望看到的东西。大量的研究表明，人们的行为方式与他人对他们的期望一致。如果你认为他们会失败，他们很可能就会失败。如果你期望他们成功，他们很可能就会成功。

在人们的个人最佳领导经历的开始，你会听到他们经常感到焦虑、紧张，甚至害怕，这是一种常态。一个使人们能够做一些他们以前从未做过的事情的关键因素是，他们的领导者对他们充满信心。在这些期望的激励下，他们增强了自信、勇气和意志，以不辜负领导者的期望。唐·贝内特是第一个登上雷尼尔山顶的截肢者，当我们询问他是如何登顶的时候，他告诉我们，在一段特别困难的登山途中，他十几岁的女儿一直陪伴在他身边。她对着他的耳朵喊道："你能行的，爸爸。你是世界上最好的爸爸。你能行的，爸爸！"在这种期望的支持下，唐说他绝不会放弃。

期望能够塑造你对他人的行为，也影响你自己的行为。领导者对他人的高期望很大程度上是基于他们对自己的期望。这就是领导者以身作则如此重要的原因之一。你自己的成就和努力，以及你每天完成什么和如何完成的表现，都给别人树立了学习的榜样。

典范领导者对待员工的方式能够增强他们的自信，使他们有可能取得比他们最初认为的更大的成就。被他人欣赏会增强一个人的自我价值感，而这反过来又会促进工作和家庭的成功。研究和日常经历都证实，高自尊的人"感觉与众不同，有能力，有安全感，有力量，和身边的人联系紧密"。这一结论适用于所有年龄、教育水平和社会经济背景的人。如果你的生活中有相信你的人，并且通过与你的互动不断强化这种信任，你就会受到这种信任的强烈影响。你也可以对与你交往的人产生同样的影响。

## 展现一种对待"胜利者"的态度

如果你想要和你一起工作的人有一种胜利者的态度，你必须相信他们已经是胜利者。这并不是说他们有一天会成为胜利者，而是说他们现在已经是胜利者！如果你相信人们是胜利者，你就会像对待胜利者那样对待他们。此外，如果你想让人们成为胜利者，你就必须表现得让他们知道他们是胜利者。这不仅仅表现在你说的话中，也与你的语音语调、身体姿势、手势和面部表情息息相关。不对他们大喊大叫、皱眉、哄骗、嘲笑或贬低，这意味着友好、积极、支持和鼓励。你提供积极的鼓舞，分享大量的信息，认真倾听他们的意见，为他们的工作提供足够的资源，分配更具挑战性的任务，并向他们提供你的支持和帮助。

LPI 的研究数据显示，同事们越是经常对同事表达"他们对他的能力充满信心"，他们就越坚定地为公司感到自豪。如图 6 所示，这种领导行为也与他的同事认为组织重视他们的工作的信念密切相关。很少践行这种领导行为会导致他人几乎没有被重视的感觉。在行为评价的另一端，超过 70%的同事体验到，当一个人被描述为频繁践行这种行为时，他们感到被重视。乔伊斯·谭是一家全球制药公司的临床外包合伙人，她解释了这一发现。她告诉我们："我从以前的工作经历中了解到，缺乏积极鼓励的破坏性有多大。作为许多苛刻要求的接收方，却没有得到任何形式的认可、庆祝或鼓励，这让我开始质疑自己的工作能力。我感到精疲力竭，缺乏动力。然而，当我换了一个新工作的时候，我体会到了鼓励的话语给人的激励。你怎么鼓励他人都不过分。"

这是一个良性循环：你相信追随者的能力，你的良好期望使你在行动中更加积极，而那些鼓励的行为会产生更加积极的结果，可以增强你认为他们可以做到的信念。这种良性循环的真正强大之处在于，当人们看到自己有能力表现出色时，他们就会对自己产生这种期望。另一个良性循环又开始了。

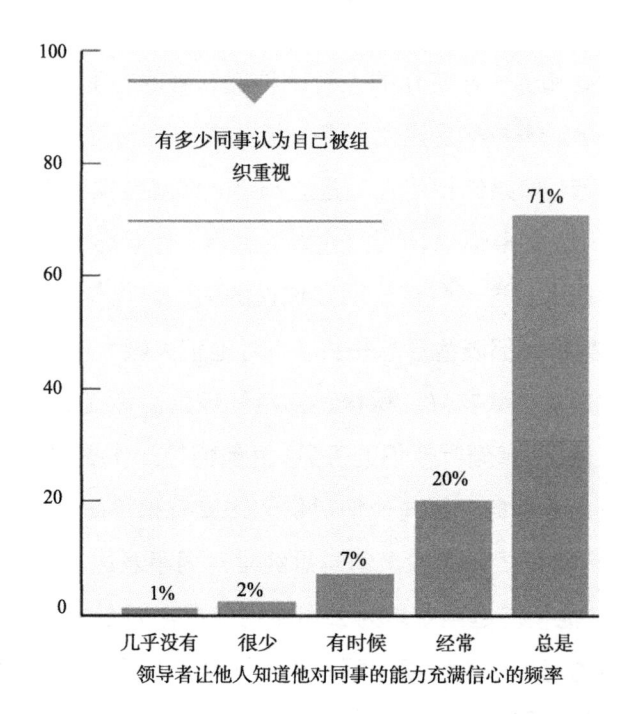

```
有多少同事认为自己被组织重视

几乎没有  1%
很少      2%
有时候    7%
经常      20%
总是      71%

领导者让他人知道他对同事的能力充满信心的频率
```

图 6　让他人知道你对他们的能力充满信心和他们感觉自己被重视的关系

如果一个人有潜能，你必须找到一种方法来创造条件，让他的潜能得以释放。积极组织心理学这一新兴领域提供了大量证据。例如，在组织中创造积极的导向，培养人们的美德，专注于实现超出常规的结果的领导者，与员工取得显著的更好的结果密切相关。越来越多的证据表明，期待最好的结果并保持积极的态度是值得的。领导者可以找到这样的方法，这通常很简单，培养和激发他们身边的人就是最好的方法。

积极的期望在头脑中创造积极的形象，在那里，你和他人的积极的未来首先被构建出来。研究人员称："我们看到的是我们的想象力允许我们看到的。"除非你和其他人都认为自己是成功的，否则很难培养出通向成功的行为。积极的形象会让你更加有效地缓解疾病症状，提高成就。例如，那些从未参加过保龄球比赛的人被随机分配到不同的小组，并被培训有效的技巧。在这些课程之后，投球手的练习被录了下来。一组被录像的保龄球手只能看到他们做的积极的事情；另一组只能看到他们的糟糕表现。那些只看到自己积极表现的运动员比只看到糟糕表现的运动员的进步更大，并且对未来继续参加这项运动感兴趣。

## 重视提供有用的反馈

领导者应该四处走动。你必须确保不会一直待在办公桌前，盯在屏幕上，或者固定在你的电子设备上。无论是远程阅读报告还是听汇报，都不能很好地体现你的重视。你必须走近他人。人们想要看到真实的你。亲近程度是判断两个人是否会互相交谈的最佳指标，如果你想和他们交流并了解他们的情况，你必须走近他们。

你不能漫无目的地闲逛。典范领导者的存在是有原因的，其中最核心的一点是**表现出你的真诚关心，因为你关注人们在做什么及他们的感受**。你必须超越组织分工、职位描述和人们的职务角色，去看这个人的内心。当你清楚了期望的标准，并相信人们会表现得像胜利者一样时，你就会注意到他们做的很多正确的事。当你关注你身边发生的事情，尤其是人们做什么和感觉怎样时，你就会形成一种第六感，即人们需要知道他们做得怎么样。因为你一直在关注和投入，你处在一个可靠的位置来分享人们可能不知道的信息。

四处走动的另一个好处是，它增加了你自己的可见性，让他人更了解你。你开始了解他人，他们也开始了解你。关注并积极欣赏他人会增加他人对你的信任。人们在很大程度上信任他们认识的人，而不是陌生人。如果人们知道你真诚地关心他们，他们可能回报你，关心你。

关注他人为你提供了实时的数据，让你可以向身边的人提供反馈，告诉他们做得怎么样，他们是如何被看待的。大多数人都希望从同事那里得到更多的反馈。正如全球制造公司的记录分析师霍莉·艾伦告诉我们的那样："在我的成长过程中，接收反馈是最重要的事情。因为在不知道自己身在何处的情况下，不知道该如何规划自己的发展方向。如果没有同事指出错误，这些错误有时会被忽视，无法得到纠正。"

想想霍莉的感受，想想如果没有反馈会对人们的自信造成什么影响。在一项研究中，研究人员告诉人们，他们的努力程度可以与数百人在同一项任务上的表现进行比较。他们随后会受到表扬、批评，或者对他们的表现没有任何反馈。那些没有听说自己做得有多好的人，他们的自信心受到的打击和那些被批评的人一样大。只有那些得到积极反馈的人提升了他们的表现。对一个人的表现只字不提，对任何人都没有帮助——不论是执行者、领导者，还是组织。人们想知道他们做得怎么样，实际上，他们更愿意听到坏消息而不是没有消息。他们更想知道自己在做什么，没有消息和坏消息的负面影响是一样的。这正是全球食品、农业、金融和工业服务提供商的全球战略负责人希拉里·霍尔从她的个人最佳领导经历中告诉我们的关键经历，她说："承认我们有些方面是不讨人喜欢的，这是自我反省和成长的必要组成部分，这可能是一种痛苦和尴尬的体验。"

然而，我们在研究中发现，寻求反馈对人们来说并不容易，无论他们的地位如何。在 LPI 的 30 项行为中，个人贡献者和管理者践行最不频繁的领导行为是"关于我的行为如何影响其他人的表现寻求反馈"。如果你不愿意更多地了解你的行为是如何影响身边人的行为和表现的，你就无法学到更多。

**重视自己的表现是最好的学习者的特点**，这是所有人，尤其是领导者都需要培养的。艾米·汤姆林森在一家初创公司负责业务发展，该公司致力于在北美建立清洁电力基础设施。她认为，"专注于寻求反馈，为人们提供了一个安全的空间和提供反馈的机会"。为了说明她在工作中如何运用这个领导行为,艾米告诉我们:"我故意问我的新同事和老板以下问题:你感觉那个会议怎么样?这次会面如你所愿吗?在会议期间,我可以为你做什么或有哪些方面可以做得更好?"这与她之前要求反馈的问题形成了对比,这些问题是针对她和她的表现提出的,如"我做得怎么样?""我还能做得更好吗?"。艾米注意到,比起关注自己,那些更多地关注过程的问题能产生更多有用的反馈,而且还能引发"许多'更深入'的对话,同事们承认那些领域有挑战性,围绕可能的解决方案展开健康的对话,在那些方面,我们会欢迎援助和鼓励"。正如艾米的经历所表明的那样,你有机会为与你共事的人提供必要的鼓励,以改善他们的现状。

## 培养友谊

管理的"神话"说,领导者不应该和同事走得太近,领导者也不能和同事成为朋友。先把这个观点放在一边。在五年的研究时间里,研究人员观察了一群朋友和一群熟人(彼此只略知一二的人)进行运动和决策任务的项目。结果显而易见。平均而言,由朋友组成的小组完成的项目是仅由熟人组成的小组完成的项目的三倍多。在决策任务方面,朋友组比熟人组的有效性高20%以上。

研究人员还发现,在工作中有朋友,对你的健康和工作效能都有好处。那些说自己在工作中有一个"最好的朋友"的人工作更投入,能用更少的时间完成更多的工作,工作环境更安全,事故更少,会分享自己的想法,感觉更有见地,更有创新精神,并且感觉工作更有趣。加强友谊的前景非常广阔,因为只有不到五分之一的人表示,他们所在的公司提供了在工作场所发展友谊的机会。

然而,有一个重要的警告:你和你的朋友必须坚定地致力于团队的目标。如果不是，那么一群朋友也可能不会做得更好。这就是为什么你需要明确标准，并为共同的愿景和价值观建立基础。说到绩效，对标准的承诺和良好的人际关系是相辅相成的。

**人们更愿意跟随他们喜欢和信任的人。**要想完全被信任，就像我们之前提到的，你必须首先开放——对他人开放，与他人一起开放。就像一扇打开的门展示了物理的欢迎他人进来，一颗敞开的心则是一种情感的表现。它意味着让他人更多地了解你，你关心什么，你为什么做出这样的选择，等等。我们不是指八卦式的披露。我们指的是谈论你的愿望、你的家人和朋友、你的兴趣和你的追求——就像你想从他人那里知道的事情。

当你敞开心扉时，你会让自己变得脆弱，而这种脆弱会让你更有人情味，更值得他人信任。如果一段关系中的两个人都不愿意承担信任的风险，那么这段关系就会停滞在谨慎和怀疑的水平上，也就无法建立关爱的关系。如果领导者想要基于信任和合作的更高水平的绩效，那么，他们必须在要求他人信任之前展示他们对他人的信任。

披露信息可能有风险。你不能确定其他人会欣赏你的坦率，对你的经历表达同理心，认可你的抱负，支持你的计划，或者以你想要的方式解读你的语言和行动。但在证明你愿意承担此类风险的同时，你也鼓励其他人承担类似的风险，从而采取必要的第一步，为建立互信找到共同点。

研究人员发现，除了在工作中建立友谊，在同事身边保持积极的情绪也有好处。真正表现出积极情绪的人在工作中感觉更好，较少感到疲劳和情绪低落。他们表示，他们更有效率是因为他们从同事那里得到了帮助，包括私人的（有人倾听我的问题和担忧）和与任务相关的（有人在需要帮助时提供帮助）。因此，他们也强烈地感觉他们可以信任他们的同事。

## 个性化认可他人

这看起来很简单,但要做好个性化认可他人,你必须深入了解与你一起工作的人,而首先要从了解他们的名字开始。如果你连一个人的名字都不知道,或者连他的一些重要信息都不知道,比如,他是否有配偶/伴侣、工作之外的兴趣和爱好等,你很难想象如何与他建立合作关系。要了解和你一起工作的人,当你了解他们的时候,你就能以一种他们看重的方式看待他们,而这与他们关心的事情有关。詹妮弗·李在她的个人最佳领导经历中回应了这一观点:"我需要了解是什么促使一个人做得更好,以及每个人希望如何得到认可和奖励。对有些人来说是礼品卡,对其他人来说是聚餐,等等。没有一种适合所有人的方法。"你需要做的是了解你的同事,这样你就能以一种他们个人看重的方式认可他们。

**当让人们告诉我们,他们获得的最有意义的认可时,他们总是说是很"个性化的"。** 他们说感觉很特别。其他研究人员也指出:"对员工来说,在正确的时间来自正确的人的一句真诚的感谢的话,可能比加薪、正式的奖励或一整面墙的证书和奖章更有意义。"然而,人们对认可的常见抱怨是,认可往往是高度可预测的,而且没有人情味。例行的认可让人感觉不真诚,是被迫的和欠考虑的。这就像在餐馆里庆祝生日一样。工作人员给某人唱歌,其他桌的人也开始唱歌,即使他们不认识那个人。不管意图有多好,随着时间的推移,这些例行公事的认可会带来消极的体验,实际上会损害认可的可信度。

你需要做的不仅仅是路过时的随口表扬,而是在你的组织或社区里走一圈,走近每个人,真诚地说:"谢谢你。"关注与你共事的每个人的喜好是很重要的。要让认可变得有意义,你必须根据他人的需求、价值观和愿望来调整它。通过个性化的表扬,你发送了这样的信息:你注意到了某项成就,找到了负责任的人,并及时地表达了你的真诚赞赏。

### 非职领导：人人都有领导力

斯蒂芬妮·索格是美国职业橄榄球大联盟俱乐部女子发展团队的教练，她意识到自己的许多行动"无意中充满了乏味而重复，结果是，我的球员们没有感受到欣赏或充分激励"。她告诉我们："**我需要把点燃每个人内心的火焰作为首要任务，以营造一种鼓励进取的健康氛围。**"斯蒂芬妮开始更多地关注球员们的需求，减少对比赛基本原理的关注，投入更多的时间来认可他们的努力和进步，并单独与球员见面，表达她对她们努力的满意。她必须足够接近她们，以便可以对她们正在做的具体事情进行反馈。

正如斯蒂芬妮的经历所表明的那样，如果你想要个性化的认可，并让它真正特别，你就必须超越组织分工和人们的角色，看到这个人的内心。你需要了解你的同事的感受，以及他们的想法。你可以在一对一的情况下或在团队中进行，但关键是要从个人和团队的角度关注他们。让他们知道你注意到了他们的兴趣、习惯、长处和需求。有了这些信息，你将能够更好地与他们建立联系，并确保与你一起工作的人有团队和社区的归属感。

凯文·姜是一家电脑游戏公司的高级产品工程师，他在个人最佳领导经历中提到了建立这种联系的一种方法。他说："每当团队成员到达一个里程碑，我都会给他们发电子邮件表示感谢。我在项目会议上指出每个人的贡献，并在会议纪要上将他们的名字放大。我确保他们的经理都在同一个邮件列表中，这样高管就会知道这些人做得很好。"凯文请大家讲述他们做了什么，以及他们为什么要做这些事情，通过表现出对成就背后的故事的兴趣，他既尊重了成就的结果，也尊重了取得成就的人。认可他人的成就会让他们感到被重视和信任，强化所取得的进步，并激励他和团队成员做出更大的努力。

**人们更愿意跟随那些知道他们是谁和他们需要什么的人。**感到与他人有联系激励人们更努力地工作，原因很简单，人们不喜欢让把他们当朋友的人失望。当人们感到团队中有了解自己的同事，并把自己的最大利益放在心上时，他们在组织和团体中任职的时间也会更长。

个性化的认可需要深思熟虑。你需要真诚地关心他们。看看你对一个人的观察，问问自己："是什么让他感觉这件事很特别？我该怎么做才能让这次经历成为他难忘的经历，让他永远记得他的贡献有多么重要？"

## 使用创造性的认可组合

个性化还能激发你在认可他人方面更有创造性。杰里米·莫泽在担任大学网球队队长时，从个人最佳领导经历中学到了重要的一课："并不是每个人的工作方式都一样，或被相同的动机所激励，这意味着你必须了解团队中的每个人，找出他们的需求，以及利用这些需求来激励他们。"

不要错误地认为人们只会对正式的奖励或金钱的奖励做出反应。实际上，**人们也会对各种非正式的认可做出反应**。在同事面前的口头表扬和看得见的表扬，如证书、牌匾、奖杯和纪念品，也是对成就的有力纪念。卡丽娜·查莫罗在一个盛大的典礼上获得了最佳员工奖，她告诉我们，对她来说，最重要的是"阅读我的上司和同事们写的颁奖词。正是我的工作被同事们看到和欣赏，把我推向了一个新的高度"。一般来说，独特的表达感激的重要性不亚于任何正式的奖励（晋升、奖金等）。

在你的影响力和能力范围内，可以有很多方式表达你的感激之情。例如，你可以送手写便条（甚至比电子邮件或推特更好），在会议上评论某人的杰出表现或成就，或者仅仅走到他的工位旁边进行问候，让他知道你知道他所做的重要工作。医疗设备销售分析师艾米丽·莱特牢记这些，她告诉我们，她想向公司的一位信息技术专家表达她的感激之情，这位专家花了几个周末的时间来帮助她完成一个项目。她没有像往常一样给他一张星巴克礼品卡表示感谢，而是记得他不怎么喜欢喝咖啡，而且他有一大家子人，所以她决定给他买一张芝士蛋糕店的礼品卡，这样他就可以带全家人出去吃饭，花时间和他们在一起，以弥补他周末工作时没能见到他们的损失。艾米丽不仅将她的认可个性化，而且"希望通过努力创造性地表达我的感谢，人们会看到我真的重视他们"。

**人们告诉我们，自发和意外的奖励，通常比预期的正式奖励更有意义**。为了让奖励最有效，要确保你的认可是非常具体的，并且恰如其分。过于笼统或时间太晚都会削弱认可的积极力量。正如瑞秋·玛塔·卡斯塔涅达在她的个人最佳领导经历中描述的那样，她带领城市会展和旅游局的销售人员努力做到最好，"我们非常注意一路上取得的成就。我们在聚餐会上、在团队会议上相互认可……我们慷慨地相互赞赏，结果大家都感觉良好。当你感觉良好时，你就会更有效率"。

通常，**简单的个性化认可才是最强大的回报**。个性化祝贺被员工认为是最有力的非财务激励因素。很少有比被注意、被认可和被欣赏更能满足人们的需求了。获得最多赞赏的单位往往是最具创新力和活力的单位。显然，没有多少人充分利用这个强大而廉价的奖励："谢谢。"

肯定他人的努力工作和贡献总是值得的。很多时候，人们忘记了伸出一只手，或表达简单的谢谢。研究清楚地显示，那些工作受到认可的人工作效率更高，在工作场所留任的时间也更长。当人们的努力和成就被认为是理所当然的时候，他们会感到沮丧，并且很少竭尽所能地工作。有时人们会忽视这一点，因为他们知道其他人可能正承受着按时交付的压力，按时交付的要求超过了表达感激。然而，在这之外的时间里，拍拍后背、握握手、微笑和说一句"谢谢你的努力工作"是很重要的。一项关于公交车司机的研究表明，这样做不仅能提高生产力，还能拯救生命。在公交车司机身上，得到他人的赞赏会减少交通事故或可避免事故的发生。

表达感激和提供认可的美妙之处在于，这些并不难做到，你不需要坐在等级森严的高位上来分配它们。**它们几乎不花你多少钱，但每天都能分红。你找不到比这更好的投资了。**研究人员发现，与那些没有感恩之心的人相比，那些心怀感恩之心的人更健康、更乐观、更积极，并能更好地应对压力。他们也更警觉，更有活力，更灵活，更愿意为他人提供支持，更慷慨，更有可能在重要目标上取得进展。

## 创造集体主义精神

人类是社会性动物——天生就与他人联系在一起。人们应该在一起做事，形成社区，以此来展示共同的纽带。当社会联系强大且数量众多时，就会有更多的信任、互惠、信息流、集体行动和幸福感，也会产生更大的繁荣。当团队成员相信他们的同事尊重和欣赏他们时，团队整体表现会更好。在线零售商瓦比·帕克经常举办"午餐轮盘赌"活动，随机挑选来自不同部门的员工免费用午餐，以促进跨部门联系和集体意识。

为了提供有意义的认可，领导者必须创造一种集体主义精神。以前，人们常说，领导者的最大管理幅度是七个人。今天，当被问及这个问题时，大家会说，**这取决于你能记住多少人——他们的名字，他们是做什么的，他们从哪里来，他们的个人关系，他们的愿望**，等等。对于个人贡献者和那些处理纵向与横向关系的人来说也是如此。正如我们一直坚持认为的那样，领导力是一种关系。增加社交接触，无论是面对面的还是虚拟的，不仅能改善人们的情绪，还能提高工作效率。在一项针对25 000名呼叫中心工作人员的研究中，他们被分为两组——一组独自交替休息，另一组是和同事一起休息。那些花15分钟与同事社交和聊天的人比没有花15分钟与同事社交和聊天的人的工作效率提高了20%。

同样，你不需要处于任何特殊的位置或成为他人的上司才能为创造集体精神做出贡献。安迪·拉曼斯是一家提供微创手术设备的公司的高级工程师，他想知道人们是否会重视同事对他们说一句"谢谢"或"干得好"。起初，他认为这些话是无意义的，但后来他回想起同事感谢或赞扬他时的感受，"就在那时，我意识到了认可和欣赏他人的力量。"他说。当人们感觉自己没有被漠视时，友谊就会茁壮成长。当他们的贡献被同事和身边的人认可时，他们就知道他们正在带来改变，并感到自己不仅与一些共享的结果有关，而且与其他人息息相关。

在世界各地，在每个国家，在每种文化，在每个组织和社区，人们会在一年中的某些日子停止工作，花时间进行庆祝活动。人们经常举行庆祝仪式，庆祝新营销成果的公布、新服务的推出、新设施或艺术装置的启用、获得一些公众或专业奖项等。组织宴会是为了表彰那些取得非凡成就的个人和团体。在令人精疲力竭的工作结束时，同事们聚在一起，为各自出色的工作而庆祝。即使在悲剧性的时刻，人们也聚在一起纪念和歌颂前人，重申他们共同的仁爱。

为什么人们会从工作中抽出时间聚在一起？当然，每个人都需要在工作的节奏和劳累中休息一下，但庆祝并不是偷懒的无聊借口。庆祝活动是人们表达尊重和感激、升华集体意识、强化共同的价值观和传统的最重要方式之一。庆祝活动是各个组织和社区长期健康的重要目的，履行日常任务也是如此。

我们的研究证实了领导者从实践中认识到的道理。当他们把人们聚集在一起为他们的成就而高兴，并增强共同的原则时，团队业绩就会大大提高。个人认可增加了接受者的价值感，并提高了他的绩效。公众庆典也有这种效果，甚至更多。每次，你把团队成员聚在一起都是一个重新承诺的机会。典范领导者很少放过任何机会来确保每个人都知道他们为什么在那里，以及他们将如何践行组织使命。无论是在表彰个人、团体还是组织成就的场合，庆祝活动都为领导者提供了一个完美的新开端，让他们明确沟通并增强行动和行为，这对实现共同的价值观和共同的目标十分重要。

## 提供社交支持

工作中的支持关系——这种关系的特点是对他人利益的真正信仰和倡导——对于保持个人和组织的活力至关重要。研究人员发现，**在表现最好的团队中，人们每提出 1 个批评反馈，就会给出 5~6 个正面反馈。**在中等表现的团队中，这个比例下降到大约为 1∶2，而在表现最糟糕的团队中，这个比例下降得更厉害，团队成员给出的批评反馈几乎是正面反馈的 3 倍！

当领导者提供社交支持，公开表彰那些表现出色的人，并为他人树立榜样时，团队业绩就会大大改善。如果你能证明"我们都在一起"，如果你能让工作场所成为人们愿意待在这里努力工作的地方，团队绩效就会大大提升。对蕾妮·卡尔弗特和她的亲密网络社区来说，一个可怕的打击是他们是一部电视剧的粉丝，而这部剧因对创作者不当行为的指控，导致可能被撤档。她想让网络社区充满积极和团结的氛围，她主动提醒每个人，他们喜欢的节目有更多的人参与——编剧、配音演员、动画师和其他人——他们没有错。为了让粉丝们高兴起来，蕾妮邀请团队成员参加一个在线礼物交换活动。所有参与的人都会赠送和收到与节目相关的手工礼品。参与的反应是压倒性的。大家发布并称赞其他人的作品。他们开始更多地谈论自己的价值观，而不是创作者的处境。蕾妮帮助他们意识到，他们可以专注于互相支持，以及当初让他们走到一起的价值观。一项为期十年的广泛研究证实了蕾妮的经历：社交支持网络对于维持服务动机至关重要。组织中的服务绩效不足与社交支持和团队合作的缺失高度相关，同事之间互相支持，共同取得成就，可以缓解工作倦怠。与他人一起工作可以让你恢复活力，鼓舞人心，也是非常有趣的。

当领导者和追随者都亲自参与任务的完成时，持久的情感连接会产生惊人的结果。当人们对共事的人有一种强烈的归属感和依附感时，他们更有可能体验到更强的个人幸福感，更忠于组织，表现得更好。当人们感到疏远和独自行事时，他们不太可能完成任何有意义的事情。美国和欧洲的研究发现，利用社交支持的人比那些不利用社交网络力量的人收入更高。为期 2 年和为期 9 年的研究都表明，缺乏社交支持的个人会经常忽视合作机会，不信任他人及其动机。涉及全球 300 多万人的研究表明，与社会隔离对人们的健康的危害比肥胖、吸烟和酗酒更严重。

**孤独让人痛苦**。庆祝活动提醒人们，他们在努力工作中不是孤独的，他们都需要并且可以依靠彼此来实现目标并取得成功。这些提醒增强了在动荡和压力中继续前进的勇气。他们强调了这样一个事实：一群人为了一个共同的目标，在信任和协作的氛围中一起工作，才能取得非凡的成就。

当人们喜欢彼此时，无论是在正式的还是非正式的互动中，信息交流都更容易，这一事实进一步推动了社交支持的理由。即便在社交媒体时代，人们在与他人（甚至是虚拟的）聚会时，也比独自坐在工作站或手机前更有可能分享自己的思考和感受。当庆祝活动跨越了部门和层级的界限时，人们就有机会与自己团队之外的人交流思想，并受到他们的激发。

**通过公开庆祝成就，领导者建立了一种文化，让人们知道他们的行动和决定不是理所当然的**。他们看到自己的贡献被认可、赞赏和重视，并且更有可能在未来再次重复这样的行为。技术项目经理安德利亚·贝拉尔多回忆说，他与一家欧洲电力公司合作的"最美好的回忆"之一是一个非正式的私人派对，庆祝他们部门在一些即将到来的重大组织变革中取得的成功。他说，要确保每个人都收到积极的反馈和鼓励的话语：

"公开的庆祝活动,以我的经历来看,对员工的自尊至关重要,他们在建设至关重要的社区意识,让人们看到自己是一个团队的一部分。"安德利亚指出了领导和同事们一起庆祝的另一个好处:"公共活动是重申共同价值观和共同目标的完美场合。"

## 庆祝和乐趣

雇主和雇员之间的心理契约的变化、劳动力人口统计数据的变化及工作本身的变化都要求人们在组织中体验到除工作之外,他们还可以做更多的事情,他们可以获得乐趣,一个有趣的工作环境可以"有意义地鼓励、发起和支持各种愉快和心情舒畅的活动,积极地影响个人和团队的态度和生产力"。研究已经表明,这样的工作场所有助于员工的情感、认知和行为表现。

庆祝应该是有趣的。在工作中,有趣并不是奢侈品。个人每次最佳领导经历都是努力工作和有趣的结合。事实上,大多数人都同意,如果没有与团队中其他人互动的享受和乐趣,他们将无法维持自己达到个人最佳状态所需的强度和努力工作的水平。当人们喜欢和自己的同事一起工作时,他们对自己的工作就会感觉更好。

快乐能保持生产力,创造出研究人员所说的"主观幸福感"。此外,它不只是关于聚会、游戏、庆祝活动和笑声。韦恩·塔姆是一名理财规划师,他说他的一个同事非常喜欢分析复杂的计算机代码,或者把业务流程转换为清晰的操作规范说明书。韦恩说这些任务可能很困难,但是这个人总是很积极,让他和其他人感觉他们可以用同样的态度去面对这样的挑战。这个人还向他们展示了如何从这种工作中获得乐趣。韦恩继续说道:"我明白了,虽然你的工作是有报酬的,但最好是能够享受你所做的事情,并从中获得乐趣。"

研究表明,**娱乐可以提高人们解决问题的能力**。他们会更有创造力和生产力,这也有助于降低人员的流动率,提高士气和增强表现。例如,最佳工作场所协会每年都会让数万名员工对他们的工作环境因素进行评价,包括"这是一个有趣的工作场所"。在最佳工作场所研究所编制的《财富》100家最适宜工作的公司名单上,最好的组织的员工压倒性地——平均81%——表示他们在一个"有趣"的环境中工作。以下为马里兰大学的神经科学家、《笑:一项科学调查》(*Laughter:A Scientific Investigation*)的作者罗伯特·普罗文的说法:"笑与幽默无关,而是与社会关系有关。事实上,笑的健康益处可能来自它所激发的社交支持。"

  在通常情况下,在工作场所庆祝似乎是管理层的特权,但谁说就一定是这样呢?从个人成就到组织的里程碑,你和你的同事可以以各种非正式的方式庆祝彼此的成就。当你公开展示你对工作、对同事提供的服务的喜悦和激情时,它是具有感染力的。在当今的组织中,工作往往要求很高,为了维持他们的工作投入,人们需要在工作中有一种个人幸福感。当人们对所做的工作表现出热情和兴奋时,每个人都会受益。你在工作上花了那么多时间,你应该享受它。当事情真的很紧张的时候,有哪些方法可以让你变得轻松一点呢?正如许多人在他们的个人最佳领导经历中告诉我们的那样:"如果团队成员享受他们所做的工作,并感到他们的努力得到了认可,他们就可能更努力。"

  庆祝活动应该是有趣的,但这不应该是庆祝的主要目的。它们是创造意义的仪式和典礼。任何庆祝活动都必须诚实地表达对基本价值观的承诺,以及对那些奉行这些价值观的人的辛勤工作和奉献精神的赞赏。缺乏诚意的精心表现与其说是激励,不如说是娱乐。真实,让庆祝活动变得有目的和有趣。在这种情况下,明确你想要强化的行为是至关重要的。你应该充分意识到,人们会在离开庆祝现场时记住并重复你所认可的东西。数据显示,庆祝活动会显著地影响人们对公司和领导的感受。

## 亲自参与

只要你能找到一种建立在共同价值观基础上的文化，你就会找到无数人践行这些价值观的领导者的例子。你把价值观付诸行动，让它们变得有形。在各种组织中，有无数种方式来践行你的价值观。例如，在学术环境中，住宅顾问通过选择不太理想的套房例子来证明这一点，因为它离大楼的中心太近。在工作场所，比如在周末到公司来保护网络免受潜在网络攻击的 IT 专家，或者在白天无法与客户联系时，晚上从家里回电话的太阳能屋顶公司的调度员。在家里，是父母把自己的卧室让给孩子，这样他们就有足够的空间放他们所有的玩具。对于社会服务组织的人来说也是一样的，他们重新安排假期，以便在社区的年度街头集市上摆摊，或者那些在晚饭后完成工作任务的人，这样他们就可以在下班后去指导青少年体育运动，或者是自愿提供托儿服务的老师，这样家长们就可以参加家长会。他们都亲自证明了共同价值观的重要性。

这和"鼓舞人心"的领导经历是一样的，无论是通过个人认可还是集体庆祝，你都必须亲自参与。LPI 的数据显示，同事对领导有效性的评估与他们观察到同事"亲自参与表彰他人和庆祝成就"的频率直接相关。向人们表示你真诚的关心和感谢他们的努力的最好方式就是和他们在一起。当你亲自参与其中时，真实性就会提高。当你直接和显著地向他人表明你关心他们并鼓励他们的时候，你就发出了希望他人成功的积极信号。此外，如果你这样做了，你更有可能看到其他人采取同样的行动。

个人参与通常只是为了确保你花时间和精力与同事"在一起"。当金融专家 Kim-Ha Ho 改变午餐习惯，不再独自吃饭，而是定期在员工休息室吃饭和休息时，这些好处显而易见。有些人可能认为，她在办公桌前吃午饭意味着她不想花时间和他们在一起，但这不是她的本意。

Kim说,当她开始在员工休息室吃饭时,很快就参与到有关工作和与工作无关的话题的热烈讨论中。她的存在和参与证明了她所信奉的开放、善良、家庭、尊重和团队合作的价值观。这种例行公事的变化也让她的同事有机会问她在做什么,并告诉她,她在办公室里意味着她与大家失联的真相。

亲自展示你的关心的另一个好处是,它为你提供了机会来发现和创造故事,以人性化的面孔看待价值观。故事能够激发人们对共同经历、背景和奋斗经历的思考,有助于在你和听众之间建立一种个人联系第一的例子,比第三方转达的例子更有力、更令人难忘。这就是"我亲眼所见"和"有人告诉我的"之间的显著区别。你应该不断地寻找机会"发现人们在做正确的事情",而待在办公桌、柜台、电脑屏幕或方向盘后面并不能很好地做到这一点。

你需要亲眼看到和知道什么是正确的,不仅可以让个人和团队"保持良好的工作"状态,而且可以告诉其他人他们的行动带来的改变。因此,你可以在实时环境中分享这意味着什么,从而将共同的价值观付诸实践。你在创造价值而不是发表宣言,你让他们变得鲜活起来。你在组织或社区中创建了每个人都能联系到的角色榜样。

讲述人们如何展示对价值观的承诺是另一种展示个人参与的方式,这是告诉人们应该如何行动和做决定的最快和最有效的方式之一。事实证明,讲故事比幻灯片上的要点或网络上的推文更能实现教学、动员和激励的目标。倾听和理解你讲的故事,而不是公司的政策声明或员工手册,让人们更了解你最关注的价值观和行动。故事传达了组织内部真正发生的事情。精彩的故事能够深入人们的内心,推动他们前进。它们模拟了真实的体验,并提供给人们一种具有吸引力的方式去学习体验什么是真正重要的。通过庆祝,人们加深了联系。

这种人际关系确保了更多的承诺和更多的支持。虽然丽莎·米洛拉在一所规模较小的学院担任教务长助理，但没有一个教员向她汇报工作。即便如此，她还是设法让学生们知道，他们的行为会对学校产生影响。创造一种庆祝胜利的社区精神，并不时举办庆祝活动，是她整个职业生涯的特点。对于学生团体，她会花时间把他们聚集在一起，并分发证书或小的感谢标志。丽莎说，这些都不必是盛大的活动。她说，这"真的只是一种聚会的精神"。找到一种表达感谢的方式——真诚地表达感谢——是表达尊重和提高个人信誉的一种非常具体的方法，尤其是在没有组织要求你这样做的时候。

我们以第一种行为"以身作则"开始了"典范领导者的五种习惯行为"的讨论，现在又回到这里。如果你想让他人相信某件事并按照这些信念行事，你必须亲自参与其中并树立榜样。你必须言行一致。如果你想让人们忠于共同的价值观，你也必须忠于他们。如果你想建立并保持一种卓越和独特的文化，那么你就必须认可、奖励、增强和庆祝非凡的努力和成功。你必须亲自参与庆祝那些有助于并维持公司文化的行为。如果你想让人们有勇气在巨大的逆境中继续探索，你必须亲自鼓励他们。

## 激励人心的行动指南

领导者期望自己尽最大的努力，他们也期望其他人尽自己最大的努力。当领导者在前进的过程中提供清晰的方向和及时的反馈时，他们就在帮助人们聚焦做正确的事。通过关注、鼓励、个性化欣赏和保持积极的态度，领导者能够激发、重新点燃和集中人们的能量。与其他形式的反馈相比，鼓励更加个人化、更积极，它能增强人际关系中的信任。

你需要认可他人对愿景和价值观的贡献，并创造性地表达你的赞赏。一起庆祝价值观和胜利会强化这样一个事实：非凡的表现是许多人共同努力的结果。通过公开地庆祝人们的成就，在团队中，你能培养和维持团队精神。讲述那些付出非凡努力、取得非凡成功的人的故事，为他人提供了效仿的榜样。社会互动增加了人们对群体标准的承诺，并对人们的福祉产生深远的影响。通过亲自参与表彰和庆祝活动，你树立了大家学习的榜样，创造了社区的支持性文化。

两个行动建议，可以不断增强你激励人心的能力。

**认可他人的贡献。** 提供有意义的认可的一部分是努力理解赞赏的重要性。当你知道什么使人感到自信、自知、热情和气馁时，你就会知道如何更好地表达你对他们的欣赏，以及他们做什么能更好地激励自己。了解你的语言和行动如何给你的每一位同事都带来最大的改变，并在同事们最需要帮助的时候，利用你的语言和行动给予帮助。随着你越来越了解你的同事，你可能发现与工作无关的活动和兴趣也可以被认可。请记住，认可他人的进步和学到的东西也很重要，而不仅仅是认可最终的结果。

**庆祝价值的实现和取得的胜利。** 请思考你能做些什么来确保你的同事知道你欣赏他们在工作中践行的共同价值观和工作标准。请创造一个时刻，大声说出团队成员的成就，或发送电子邮件通知大家，并将其抄送给合适的各级管理者。如果这些行动是自发的和意料之外的，那就太好了！请安排时间和大家一起庆祝，这会很有效果。无论哪种情况，你都要确保你说的内容能够清楚地表明同事得到认可的原因——也就是说，他做了什么值得认可——以及他的行为是如何与共同的价值观和抱负联系起来的。当你公开认可和赞赏他们的模范行为时，就会对每位同事都产生影响。

在最后一章中，我们要提醒大家，领导力发展从根本上来说就是一个人的自我发展，是一组你可以学习如何成为最好的领导者的策略和活动。

# 读 书 笔 记

# 第 7 章
# 领导力发展是自我发展

  祝贺你来到这个里程碑——把读完这本书看作你成为最好的领导者的旅程中的一个小小的胜利。让我们简单回顾一下本书的主要内容。

  本书的中心主题始终是：领导是每个人的事！这是通过大量的最佳领导经历和数据验证的，这些领导经历和数据来自那些没有职位、没有组织权力、没有下属的人，他们能够影响他人、带来改变、成就非凡。这些人来自不同的年代、不同的生活阶层和不同的国家与地区。他们代表各种各样的组织——小公司和大公司，公共组织和私营组织，政府组织和非政府组织，高科技组织和低技术组织，学校和专业服务组织。他们是公司的雇员，通常被称为个人贡献者、分析师、专家或合伙人，他们也是社区志愿者、社会活动人士和家庭成员。

  很可能，你之前从未听说过本书中提到的任何一个人。他们不是公众人物，也不是巨星。他们可能住在你隔壁，工作在你的隔间，或者正在接打电话。总之，他们就是和你一样的人。

  本书关注的焦点是非职的领导者，因为领导力与职务或地位无关，与职位、权力或权威无关。领导力与名人或金钱地位无关。领导力与你的性格、基因、家庭和环境无关。领导力绝对不是关于超能力或如何成为英雄的。

最关键的是，你不需要仰望领导力，不需要向外寻找领导力。你只需要向内探索自己的内心。你有巨大的潜力可以把他人带到他们从未去过的地方。从根本上讲，**领导力就是你的人际关系、你的信誉和你所做的事情**。领导力与你的行为息息相关。

## 领导力至关重要

在本书中，你已经看到了大量领导经历的证据表明，领导者频繁践行"五种习惯行为"对员工敬业度、团队建设和组织绩效有积极的影响。请花一些时间将这些发现与你的上司、经理、老板和领导者等的经历进行比较。

首先，请想一想你曾经共事过的最糟糕的领导者。接下来，在这句话的最后写下一个数字（1~100），代表你的才能（技能和能力，加上时间和精力）被这个最糟糕的领导者激发的百分比：_____。

现在，请想一想你共事过的最好的领导者。在这句话的最后写下一个数字（1~100），代表你的才能被最好的领导者激发的百分比：_____。

我们向来自世界各地的数千人提出了同样的问题，你可以看到图7中的结果。将你的回答与我们调查的回答进行比较。我们假设你给最好的和最糟糕的领导者打出的百分比有很大的不同，对吧？记住，在这两种情况下都是同样的你。唯一改变的是你上司的行为。

# 第 7 章 领导力发展是自我发展

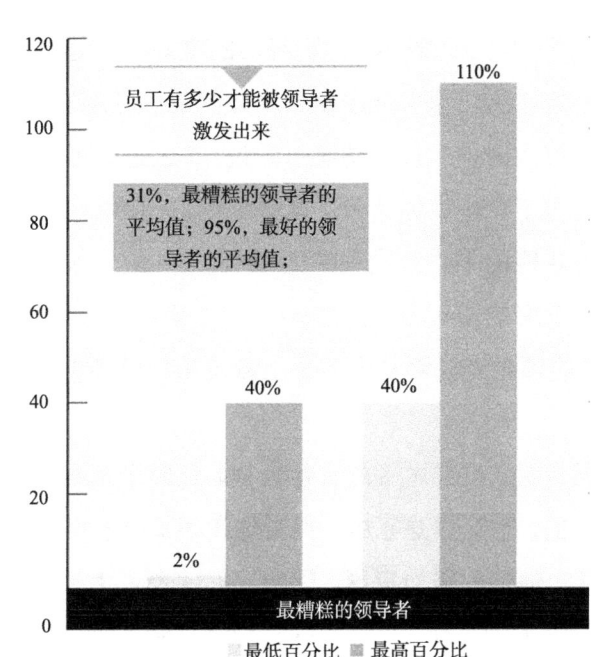

**图 7** 与最糟糕的领导者相比,最好的领导者能激发他人发挥出 3 倍的才能

正如你所看到的,当人们想到他们与最糟糕的领导者打交道的经历时,他们的才能被激发的比例通常在 2%~40%,平均为 31%。换句话说,人们报告说,在与最糟糕的领导者共事时,他们只发挥了不到 1/3 的可用的技能和能力。许多人继续努力工作,但很少有人把他们全部的才能投入他们的努力中。一些人回答说,他们投入了近 80%,甚至更多,但这是因为他们不仅要做自己分内的工作,而且还要做那些最糟糕的领导者的工作!

这种令人沮丧的情况与人们在想到自己与最好的领导者共事的经历时的反应形成了鲜明的对比。即使那些报告说领导者只激发了他们 40% 的才能——他们做出了最好的工作,无论他们的主管/经理/领导者

### 非职领导：人人都有领导力

怎么样——应该注意的是，这个数字已经是最糟糕的领导者激发员工才能的最高位数字。很多人表示，他们经历的最好的领导者实际上激发了他们百分之百的才能。似乎从数学上来看，是不可能超过 100%的，但在面临恰当的挑战时，这些受访者一致说："这是有可能的，我的领导者确实激发我做了更多我认为我不能做到的。"**和最好的领导者一起工作时，人们的才能的平均激发率高达 95%。**

最糟糕和最好的领导者在激发人们的表现方面的差别是巨大的。相比之下，**最好的领导者能够从员工身上激发出三倍多的才能、精力和动力。**

这一数据，以及贯穿本书的其他证据，证明了领导力的价值。这种差异可以是负的，也可以是正的，但它确实很重要。**领导力影响人们的工作投入，影响他们的努力意愿，影响他们的个人主动性和责任感，影响他们的超越常人的表现。**不称职的领导者抑制了这些行为，而典范领导者大大激发了这些行为。

在以下案例中，可以看到典范领导者激发他人才能的差异，这个案例是维罗妮卡·格雷罗在我们的课堂中提到的。我们要求参与者分享一个他们敬佩的领导者的故事，以及他们愿意追随的领导者。她选择了她的父亲，维罗妮卡谈到了她父亲在 20 世纪 40 年代早期在联盟阵线的领导。（联盟阵线后来成为另一个政党 **Demócrata Mexicano** 或墨西哥民主党的一部分。）她详细讲述了父亲所做的事情，然后用何塞·路易斯的回忆总结了他的影响："我认为我当时所做的工作拓展了我自己和他人的水平，我之前不知道我可以做到这一点……如果你对某件事有强烈的感觉，而且它最终会造福你的社区和你的国家，不要退缩。对失败或可能发生的事情的恐惧对任何人都无济于事……不要让任何人或任何事阻碍你的突破。"

维罗妮卡以这样的描述来总结她的父亲（后来死于胰腺癌）："当我

听到他的故事时，我看着一个生病的、疲惫的和脆弱的人，我不禁感慨，我们作为人和领导者的优势与我们看起来的样子无关。相反，它与我们的感觉，与我们对自己的看法有关……领导力存在于生活的方方面面。"

这正是问题的关键。如果你想学习成为一个更好的领导者，你必须首先相信你有领导力，你可以成为这个世界上的一股积极的力量。

## 领导力可以习得

你想要成为你能成为的最好的领导者，否则你不会读本书！成为最好的领导者是一种道德追求；你要把它归功于那些作为你的榜样的人，归功于那些和你一起工作的同事，归功于你的客户，以及你所追求的成功。

然而，经常出现的问题是，是否每个人都有能力展现领导力，践行典范领导者的五种习惯行为。来自 LPI 的数据提供了非常一致的证据。这种 360 度评估提供了个人当前践行卓越领导者五种习惯行为和行动的频率，这些行为和行动与领导者的最佳状态密切相关。LPI 由 30 种具体的领导行为组成。每种行为都用 10 分进行评价，从"1"到"10"，表明一位领导者从"几乎从不"践行那种特定的行为，到"几乎总是"践行所描述的行为。LPI 提供了一个 360 度的视角——从领导者的自我视角，以及他们的上司、直接下属和其他人的视角——来观察被认为是必要的领导行为的践行频率。

在超过 35 年的 LPI 领导行为数据收集中，几乎没有一个完成 LPI 测评的人在所有五种领导行为中得分为"零"。得分为"零"意味着人们（他们的上司、同侪和直接下属）报告说领导者"几乎从不"践行 30 种领导行为中的任何一种。自 2004 年以来，共有超过 352 万名受访者，评分为"零"的总人数为 581 人，比例为 0.016 5%。计算一下，你

### 非职领导：人人都有领导力

会发现，在一个有 100 名员工的组织中，找到一个践行五种领导行为都为"零"的人的概率是零。如果是 1 000 人的企业，概率仍然是零，即使 10 000 人的企业，仍然少于 2 人。如果在这些统计中只包括非管理职位的受访者，那么零的百分比（几乎从未践行这 30 种领导行为中的任何一种）就更不可能了（0.007 4%）。评估自己的同事从不践行这 30 种领导行为中的任何一种的同事的比例更低（0.005 4%）。

实证结果和数字结果支持这一论断，即每个人都有能力践行这些领导行为。事实上，几乎每个人都已经表现出了一些领导行为（而不是"几乎从不"）。在你的团队中找到一个不能践行这些领导行为的人的概率是零。与此同时，如果因为 99.983 5% 的人已经展示了这些领导行为，就说每个人都将成为典范领导者，那也太夸张了。并非每个人都想做出承诺，或投入精力和努力成为典范领导者。

然而，我们确信，无论你目前的领导技能和能力水平如何，你都可以比现在更频繁地践行这些领导行为。之所以要花时间和精力成为一个更好的领导者，是因为领导力很重要。致力于学习和实践领导力将显著提升你的能力，对你领导的人及你所在的社区将产生更积极的影响。

## 学习领导力的基础

不需要任何人的允许，也不需要其他特别的资源，你就能成为一名更好的领导者。正如《绿野仙踪》中的多萝西和她的同事们所发现的那样，你已经拥有成为领导者的一切条件。在你成为最好的领导者的道路上，你可以遵循以下 5 个基本原则。

**原则一：相信自己**

如果你不愿意相信自己，没有人会长久地追随你。你要相信你能给他人带来积极的影响。即使有些人认为你没有能力学习领导力，你也必须相信你是可以的。这就是领导力开始的地方——相信自己。

你必须相信你所做的事情都是有价值的。你要相信你的语言可以激励他人，你的行动可以感动他人。相信你能领导他人是发展你的领导技能和能力的关键。如果你不相信这一点，你就不太可能做出任何努力，更不用说努力成为一个更好的领导者。没有人能赋予你领导力。领导力来自你对自己的激发。

最好的领导者都具有成长型思维。他们相信领导力是可以习得的，而且他们能够在一生中不断学习和发展领导力。他们对他人也抱有同样的看法。别让任何人告诉你，你不能改变世界，或者他人也做不到。在这个动荡的时代，世界需要更多相信自己可以有所作为，并愿意遵循这种信念行事的人。

### 原则二：追求卓越

要成为最好的领导者，你需要清楚指导你的决策和行动的核心价值观和信念，以及你和其他人希望实现的愿景。学习领导力也是如此。你必须清楚你想成为领导者的动机是什么，你为什么想要成为领导者，你到底想要成为什么样的领导者。

请注意：你的动机应该是发自内心的，而不是工具性的。研究发现，**绩效最好的领导者关注的重点不是赚钱、获得晋升或出名。他们想要成为领导者，是因为他们非常关心自己的使命和服务的对象。**拥有清晰的使命和目标，能够帮助你在面临挑战的时候继续学习。

### 原则三：挑战自我

要想成为一名领导者并做到最好，你必须走出自己的舒适区。你必须寻找新的经历来检验自己，犯一些错误，然后继续沿着学习曲线往上攀登。

你必须保持好奇心，主动尝试新事物，尝试新的想法和新的做事方法。当你这样做的时候，你不可避免地会犯错误和失败。关键是从经历中吸取经验教训，并重复学习。

要想更好地领导，你还必须有勇气。面对困难，你要坚持，这意味着要像马拉松选手而不是短跑选手那样思考问题。每个人在成长的过程中都会犯错，所以不要让这些错误影响你的成长。从挫折中振作起来，增强你的韧性。

**原则四：寻求支持**

单靠自己是无法成为最好的领导者的。任何业绩最好的人，包括领导者，都会寻求他人的支持、建议和忠告。这与他们为什么会成为最成功的人关系密切。

在成为典范领导者的过程中，你需要与他人建立联系。这些联系是强大的、亲密的，而不是简单的、交易性的。人际关系能为你打开成长的大门，让你有机会近距离观察卓越领导者的行为。你需要主动去创造和维持这些人际关系。

**原则五：刻意练习**

没有实践，你就不可能真正提升领导力。此外，一旦养成了良好的纪律和习惯，你花在练习提升领导力上的时间就不需要太多。了解自己的优势，并在此基础上努力发挥是很重要的，同时，认识到自己在某些方面的短板，并加以弥补也是很重要的。

环境对你作为领导者的成长和成熟具有显著影响。信任和尊重的环境至关重要，要努力获得新的经历的机会，获得冒险的支持，以及可以向你的榜样学习。有时候，你会幸运地在这样的环境中工作，而有时候，你必须创造自己的领导力发展机会。

成为典范领导者需要坚持终身学习。无论登上了多少座高峰，你都必须每天迈出一小步来提升自己——一个反思，一个问题，一次经历。你必须养成每天学习新东西的习惯，养成每天评估自己进步的习惯。这一观点与吉姆·惠特克和我们分享的观点遥相呼应。吉姆是第一个登上地球最高峰珠穆朗玛峰的美国人。在其他的户外冒险活动中,他两次驾驶帆船参加 2 400 英里*的维多利亚到毛伊岛国际游艇比赛,并四次完成从华盛顿到澳大利亚的 20 000 英里航程。在回想这些冒险经历时,他说,你必须"充分利用每一刻,拓展自己的极限,愿意不断学习,并将自己置于可以学习的环境中"。

## 如何学习领导力

我们的研究发现,那些最频繁地投入学习的人,不管他们的学习方式是什么,他们也是最频繁地学习领导力的人。研究报告指出,那些每周学习 5 小时以上的领导者,比起那些每周学习 1 小时或者更少时间的人,他们有 74% 的可能在职业生涯中有更多的发展方向,有 48% 的可能在工作中找到正确的目标。他们在工作中也更快乐。学习越多,你就会在领导方面(或其他任何方面)做得越好。显然,你必须带着学习的意愿和认识到学习的重要性来处理每次新的和不熟悉的经历。

我们在研究中还发现,没有一种所谓的最好的学习方式。作为个人最佳领导经历调查的一部分,人们被问:"你是如何学习领导力的?"我们发现了三种主要的学习方法。最常见的是通过直接的经历,其次是榜样和教育。

### 经历:从实践中学习

没有什么可以代替从实践中学习。从尝试和错误中学习——是人们经常谈论的给人"沉重打击的学校"——不仅仅是一句谚语。更多的人

---

\* 1 英里=1.609 千米

提到，经历是学习领导力最重要的方法。提及经历的次数几乎是榜样的两倍，教育的近三倍。在现实生活中实践领导力的机会越多，你就越有可能在这方面做得更好。

无论是召开一次团队会议，领导一个特别任务小组，组织一次慈善募捐活动，还是主持一个年度会议，你经历的领导机会越多，就越能锻炼你的领导能力——你将越能从领导的失败和成功中提升领导力。

然而，任何经历本身并不能支持个人的发展，挑战才是促进学习和职业发展的关键。枯燥、常规的任务并不能帮助你提升领导技能和能力。你必须寻找机会锻炼自己。你必须寻找机会在新的困难任务中考验自己。经历是最好的老师，如果它包含个人挑战元素的话。无论何时选择领导经历活动来提高领导力，你都要确保选择的项目和任务能够让你走出舒适区，能够锻炼你的能力。如果被安排在一个不能锻炼你的岗位上，你要想办法做一些不同的事情，这样才能锻炼自己并从中学习成长。请思考你从中学到的，以及如何将你学到的应用到未来的发展机会中。

## 榜样：学会观察他人

你身边的人都是潜在的学习资源。榜样对于学习至关重要，在学习如何领导的时候，榜样尤其重要。当你在思考领导力如何持续发展时，请在你的组织或社区中寻找榜样、教练和教师。不要羞于请求他们的帮助或观察他们的行动：可以请求旁听他们主持的会议或参加他们做的报告；请他们出去喝杯咖啡，问问他们是如何处理困难情况的；请他们对你和同事的合作进行反馈。

在工作中，对你的表现影响最大的关系是你与直属上司的关系。上司不仅是潜在的榜样，还可以提供非常有用的发展反馈。最好的上司会挑战你、信任你、花时间陪你、教导你。如果你很幸运地拥有这样的上司，他们是领导者的榜样，那就好好珍惜这段关系，并充分利用它。如果你碰巧遇到了这样的一位经理——他可能恰好可以成为十大最糟糕老板的最佳候选人，那么你就要注意，哪些事情是不该做的。这是有用的提醒，上司可以从正面或负面影响他人。学习正面的，拒绝负面的。

同侪也是学习知识、技能和信息的宝贵来源。值得信任的同侪可以充当顾问和参谋，就你的个人风格给予反馈，并帮助你检验处理问题的其他方法。如果你有一位同侪很擅长你需要改进的领域，请他把所知道的教给你。请人们分享他们的最佳实践，并寻找机会观察他们的行动。

## 教育：通过培训和正式的课程学习

正式的培训和课程学习绝对可以提高你的领导力。尽管人们投入的时间较少，而且参与和学习的机会通常不是直接在工作中，但培训仍然是一个具有高杠杆效应的学习机会。如果做得好，课程、工作坊和研讨会可以让你花一段时间与专家专注于某一方面的领导力的学习。这种集中注意力的学习，可以帮助你更快更好地学习多方面的新的领导行为和技能，并在一个相对安全的环境中获得反馈的机会。

越来越多的人在新冠肺炎疫情期间发现，你可以通过大量的在线学习技术进行自我培训，这些技术包括研讨会、工作坊、演示、模拟、会议、价值观讨论等。无论它是否由你的组织赞助，请利用好这些学习机会，你可以根据自己的时间和节奏来完成。此外，可以考虑挑选一些你崇拜的当代或历史人物的传记，了解他们如何领导，以及他们是如何处理和克服困难的。

最后，充分利用各种教育经历，确保你有机会应用所学到的知识。本着领导的精神，请把这些看成一种"试验"。"随着时间的流逝，如果不去尝试新的东西，你在培训中应用所学知识的可能性就越来越小。"如果可能的话，花点时间向你的上司或同事描述你学到的东西，因为这是另一种有效的方法，可以帮助你迈出重要的第一步，决定如何最好地应用你在课堂上学到的。现在,请回到你的"工作岗位"上。

## 做最好的自己

**领导的工具是自我,对领导艺术的掌握来自对自我的掌握。**工程师有电脑,画家有画布和画笔,音乐家有乐器,领导者只有自己。领导力的发展是自我发展,而自我发展不是简单地收集一大堆新信息或尝试最新的技术。领导力发展是把你已经拥有的潜能全部发挥出来,是解放你的内在力量。对领导力的探索首先是一种内心的探索,让你发现自己是谁。把自己视为领导者,经常性地践行卓越领导者的行为,将从根本上改变你是谁。

你不再是个人贡献者。你现在是带领人们去往他们从未去过的地方的人。

把自己看作领导者将会改变你。

- 它将改变你每天的行为方式。大家期望你成为你和公司所拥护的价值观的榜样。
- 它将改变你对未来的看法。大家期望你能够想象未来令人兴奋的可能性,并与他人沟通交流。
- 它将改变你应对挑战的方式。你能够更好地适应不确定性,支持尝试,并从经历中学习。
- 它将改变你与他人的关系。你能够更好地与他人建立人际关系,促进协作,团结你身边的人,建立彼此的信任。
- 它将改变你表达赞赏他人的方式。你需要真诚地认可团队成员的贡献,庆祝团队取得的成功。

忠于这些期望,以最好的表现去领导,意味着你需要清楚地认识到自己想要成为什么样的领导者。

开启成为最好的领导者的旅程,可以通过想象你想如何成为一个未来的领导者开始。想象一下这样的情景来开启和自己的对话:

十年后的今天,你将参加一个表彰你成为"年度领导者"的颁奖仪式。你的同事、家人和好朋友一个接一个地走上颁奖台,谈论你的领导力,以及你如何给他们的生活带来了积极的影响。

为了帮助你思考你希望人们在那天会对你说些什么,以及你希望人们如何记住你,请记录下你对这个"L.I.F.E."范式的反应。

**经验教训(Lessons)**:你希望他人告诉你哪些重要的经验教训?(例如,她教会我如何从容而果断地面对逆境。他教会我回报那些曾经帮助我的人很重要。)

**理念(Ideals)**:你希望人们说你代表什么理念——价值观、原则和道德标准?(例如,她代表自由和正义。他认为一个人永远要讲真话,即使那不是人们想听的。)

**感受(Feelings)**:当你和人们在一起的时候,或者当人们想起你的时候,你希望他们的感受是什么?(例如,她总是让我感受到我能做不可能的事。他让我感受到自己很重要。)

**证据(Evidence)**:有什么证据能证明你做出了改变;人们会说你留给他们和未来的人什么贡献——有形的或无形的?(例如,她真的是扭转公司局面的那个人。在他帮助我们建造和设计的房子里,他对他人的奉献永存。)

在你写下对上述问题的回答之后,下一步就是问问自己:我现在是如何传授这些经验教训的?我现在是如何实践这些理念的?我现在是如何创造这些感受的?如何证明我作为一个领导者在做出贡献?然后问问自己：我怎样才能做得更好？这种颁奖仪式将来是否会发生，取决于你现在的行为。

## 我们对你的期待

在一家基于人工智能的产品研究公司负责业务发展的纳特拉侬·艾耶，在完成领越领导力工作坊后写信给我们说："在我的工作场所和个人生活中，不难找到这五种习惯行为的案例。"我们当然同意，但更让我们震惊的是他的另一段话："我们通常认为领导力是一种宏大的东西，但根据我的经历，我认为真正的领导力无处不在，存在于每个人的日常生活中。在日常生活中，我们都有很多机会，成为我们可以成为的领导者。我们每个人都可以选择成为这样的领导者。我们可以倾听自己的心声，抓住这个机会，或者让它溜走。"

他说得完全正确。当机会来临时，你必须说"好的"。除非你答应，否则什么都不会发生。为了提高领导力，你必须同意开启新的改变。你必须对你的信念说"是"，对困难的挑战说"是"，对合作说"是"，对信任说"是"，对树立榜样说"是"，对学习说"是"，对自己的内心说"是"。当你准备好说"是"的时候，你的生活中将会打开一扇全新的门，你将会有机会做出改变。

我们希望你充分利用每个机会，锻炼自己，愿意从你经历的挑战中学习成长，穿越你的能力极限，然后再多要求自己前进一点。

# 附录 A
# 本书的研究基础

在本书中描述的领导原则和习惯行为基于坚实的定性和定量研究。超过 29 000 人的回复为完成统计分析提供了可靠的样本，显示领导力的发挥对他们的工作态度和有效性评估产生了积极影响。

本书实证分析的受访者完成了 LPI 的观察者表的打分，表明他们是完成 LPI 自测者的上司、同侪和下属。在这个分析中，所有的回答者都认为自己是一个"个人贡献者"，而不是处于管理岗位。这些数据是在 2017 年 1 月至 2019 年 12 月的三年时间里收集的。同事评估尤其有价值，因为它们避免了自我报告的偏见，被认为更客观，并被证明在预测他人的关键行为和组织结果（如离职和生产力的潜力）方面最为可靠。

这个样本中的同事和同侪的人口统计特征与完成 LPI 自评的个人贡献者非常相似。他们主要来自美国（82%），女性（53%），年龄在 24~49 岁（70%），至少有大学学位（83%）。27% 的人在现在的单位工作不到 3 年，36% 的人工作 3~10 年，37% 的人工作 10 年以上。他们受雇于各种行业（例如，金融和银行、零售、医疗/卫生保健、政府、制造、社会服务、军事、制药、高科技和电信）和各个职能部门（例如，运营、工程、金融、销售、IT、营销和研发）。雇用 100 人以下的企业数量占 19%，雇用 100~499 人的企业数量占 19%，雇用 500~999 人的企业数量占 11%，雇用 1 000~9 999 人的企业数量占 27%，雇用 1 万人以上的企业数量占 24%。需要注意的是，人口统计学上的差异一般没有显示出影响领导者行为评估和各种敬业度测量之间的关系。

除提供人口统计信息外，受访者还可以选择回答一系列其他问题。他们被问及在多大程度上同意或不同意自己对工作场所的看法。例如，"我感觉我的公司重视我的工作"和"我关心公司的长期成功"。此外，他们还被问及对于那些要求他们提供反馈的人的有效性进行评价，他们在多大程度上同意或不同意。"总体来说，这个人是一个卓有成效的领导者"和"我感觉被这个人重视"就是这些陈述的例子。在这些陈述和评估中，使用了李克特量表："1"非常不同意、"2"不同意、"3"既不同意也不反对、"4"同意和"5"非常同意。

皮尔逊卡方检验和方差分析是两个使用的主要统计分析工具。概率设为 $p < 0.001$，以确定这种关系或差异是偶然结果的可能性。本书中提出的所有数据分析都达到或超过了这个概率阈值，为参与典范领导的五种习惯行为会产生不同的说法提供了强有力的实证支持。

领导力很重要，你也很重要。研究清楚地表明，实践领导力并不需要你在组织中处于特殊的位置、部门或职位。我们相信你已经在领导，只是还不够频繁，或者还没有足够的意图和自我觉察。我们知道，作为一个领导者，你工作的有效性与你以身作则、共启愿景、挑战现状、使众人行和激励人心的行为频率息息相关。在本书中，我们已经提供了实践领导力的方法，现在你必须产生主动的意愿，成为你能成为的最好的领导者。

# 注 释

## 第 1 章

1. McGirt, Ellen. "World's 50 greatest leaders," *Fortune*, April 18, 2019. Accessed on March 18, 2020. https://fortune.com/worlds-greatest-leaders/2019/search/.

2. "New class: The Forum of Young Global Leaders." The Forum of Young Global Leaders. Accessed on March 18, 2020. https://www.younggloballeaders.org/new-class.

3. Posner, B.Z. "When It Comes to Leadership, Who Are the Role Models?" Working paper, Leavey School of Business, Santa Clara University, 2020.

4. Posner, B.Z. "The Influence of Demographic Factors on What People Want from Their Leaders," *Journal of Leadership Studies*, 2018, 12(2), 7–16.

5. Hovland, C.I., Janis, I.I., and Kelley, H.H. *Communication and Persuasion*. New Haven, CT: Yale University Press, 1953. Also see Cialdini, R. *Influence: The Psychology of Persuasion*. New York: Collins, 2007.

6. Kouzes, J.M., and Posner, B.Z. *Credibility: How Leaders Gain and Lose*

*It, Why People Demand It* (2nd ed.). Hoboken, NJ: The Leadership Challenge—A Wiley Brand, 2011.

7. See, for example: Caza, A., Caza, B., and Posner, B.Z. "Transformational Leadership in Cultural Context: Follower Perception and Satisfaction," orking paper, Leavey School of Business, Santa Clara University, 2020; Caza, A., and Posner, B.Z. "The Influence of Nationality on Followers' Satisfaction with Their Leaders," *Journal of Leadership, Accountability, and Ethics,* 2017, 14(3), 53–62.

8. For more information about these studies, you can find abstracts of over 800 of them on our website: https://www.leadershipchallenge.com/research/others-research.aspx. Also see Posner, B.Z. "Bringing the Rigor of Research to the Art of Leadership: Evidence Behind The Five Practices of Exemplary Leadership and the LPI: Leadership Practices Inventory." http://www.leadershipchallenge.com/LeadershipChallenge/media/SiteFiles/research/our-research/tlc-our-research-bringing-the-rigor-of-research-to-the-art-of-leadership.pdf.

9. Kouzes, J.M., and Posner, B.Z. *The Leadership Challenge: How to Make Extraordinary Things Happen in Organizations* (6th ed.). Hoboken, NJ: The Leadership Challenge—A Wiley Brand, 2017.

10. Kouzes, J.M., and Posner, B.Z. *LPI: Leadership Practices Inventory* (45th ed.). Hoboken, NJ: The Leadership Challenge—A Wiley Brand, 2017. https://www.leadershipchallenge.com/LeadershipChallenge/media/SiteFiles/resources/sample-reports/tlc-lpi-360-english-v5.pdf.

11. For more information about these studies, see our website: https://www.leadershipchallenge.com/research/others-research.aspx.

# 第 2 章

1. Lamott, A. *Bird by Bird: Some Instructions on Writing and Life.* New York: Pantheon, 1994, pp. 199–200.

2. For example, see: Buller, J.L. *Positive Academic Leadership: How to*

*Stop Putting Out Fires and Start Making a Difference.* San Francisco: Jossey-Bass, 2013; Gentry, W.A., and Sparks, T.E. "A Convergence/Divergence Perspective of Leadership Competencies Managers Believe Are Most Important for Success in Organizations: A Cross-Cultural Multilevel Analysis of 40 Countries," *Journal of Business and Psychology*, 2012, 27(1), 15–30.

3. Daniels, C. "Developing Organizational Values in Others." In Crandall, D. (ed.), *Leadership Lessons from West Point*. San Francisco: Jossey-Bass, 2007, 62–87; Rhoads, A., and Shepherdson, N. *Build on Values: Creating an Enviable Culture That Outperforms the Competition*. San Francisco: Jossey-Bass, 2011.

4. Posner, B.Z. "Another Look at the Impact of Personal and Organizational Values Congruency," *Journal of Business Ethics*, 2010, 97(4), 535–541.

5. Schein, E., with Schein, P. *Organizational Culture and Leadership* (5th ed.). Hoboken, NJ: Wiley, 2017.

6. Callahan, S. Putting Stories to Work: Mastering Business Storytelling. Melbourne: Pepperberg Press, 2016.

7. As quoted in Schawbel, D. "How to Use Storytelling as a Leadership Tool," *Forbes*, April 13, 2012. http://www.forbes.com/sites/danschawbel/2012/08/13/how-to-use-storytelling-as-a-leadership-tool/#3fdcf5277ac9.

8. For example, see Denning, S. The Secret Language of Leadership: How Leaders Inspire Action Through Narrative. San Francisco: Jossey-Bass, 2007; Wortmann, C. What's Your Story? Using Stories to Ignite Performance and Be More Successful. Chicago: Kaplan, 2006; Zak, P.J. "Why Your Brain Loves Good Storytelling," Harvard Business Review, October 28, 2014. https://hbr.org/2014/10/why-your-brain-loves-good-storytelling; Martin, S.R. "Stories About Values and Valuable Stories: A Field Experiment of the Power of Narratives to Shape Newcomers' Actions," Academy of Management Journal, 2016, 59(5), 1707–1724.

9. Blanchard, F.A., Lilly, T., and Vaughn, L.A. "Reducing the Expression of Racial Prejudice," *Psychological Science*, 1991, 2(2), 101–105.

10. Rosso, B.D., Dekas, K.H., and Wrzeniewski, A. "On the Meaning of Work: A Theoretical Integration and Review," *Research in Organizational Behavior*, 2010, 30, 91–127.

11. Zuboff, S. In the Age of the Smart Machine: The Future of Work and Power. New York: Basic Books, 1988, p. 394.

12. Newberg, A., and Waldman, M.R. Words Can Change Your Brain: 12 Conversation Strategies to Build Trust, Resolve Conflict, and Increase Intimacy. New York: Penguin, 2012, p. 7.

13. Brooks, A.W., and John, L.K. "The Surprising Power of Questions," *Harvard Business Review,* May-June 2018, pp. 60–67.

14. Brooks and John, loc cit., p. 64.

15. Huang, K., Yeomans, M., Brooks, A.W., Minson, J., and Gino, F. "It Doesn't Hurt to Ask: Question-Asking Increases Liking." *Journal of Personality and Social Psychology*, 2017, 113(3), 430–452.

16. As quoted in Brooks and John, loc. cit., p. 65.

17. Stone, D., and Heen, S. *Thanks for the Feedback: The Science and Art of Receiving Feedback Well*. New York: Penguin, 2015.

18. Gino, F. "Research: We Drop People Who Give Us Critical Feedback," *Harvard Business Review*, September 16, 2016. https://hbr.org/2016/09/research-we-drop-people-who-give-us-critical-feedback.

19. Zenger, J. "There Is No Feedback Fallacy: Understanding the Value of Feedback," May 13, 2019. https://www.forbes.com/sites/jackzenger/2019/05/13/there-is-no-feedback-fallacy-understanding-the-value-of-feedback/#3da55df15368.

20. Yoon, J., Blunden, H., Kristal, A., and Whillans, A. "Why Asking for Advice Is More Effective Than Asking for Feedback," *Harvard Business Review*, September 20, 2019. https://hbr.org/2019/09/why-asking-for-advice-is-more- effective-than-asking-for-feedback.

# 第 3 章

1. We are grateful to Dan Schwab for sharing this example.

2. Bailey, C., and Madden, A. "What Makes Work Meaningful—or Meaningless," *MIT Sloan Management Review*, 2016, 67(1), 52–61.

3. Hurst, A., and others. *Purpose at Work: 2016 Global Report*. LinkedIn and Imperative. Accessed on 3/24/20. https://business.linkedin.com/ content / dam/me/business/en-us/talent-solutions/resources/pdfs/purpose-at-work-global-report.pdf.

4. Lucas, A.F. "A Teamwork Approach to Change in the Academic Department." In Lucas, A.F., and Associates, *Leading Academic Change* (pp. 7–32). San Francisco: Jossey-Bass, 2000.

5. Palmer, P.J. *Let Your Life Speak: Listening for the Voice of Vocation*. San Francisco: Jossey-Bass, 2000.

6. Hurst, A., and others. "Purpose at Work: The Largest Global Study on the Role of Purpose in the Workforce," 2016. https://cdn.imperative.com/media/public/Global_Purpose_Index_2016.pdf.

7. Newton, J., and Davis, J. "Three Secrets of Organizational Success," *Strategy+Business*, 2014, Autumn (76); also see Sinek, S. *Start with Why: How Great Leaders Inspire Everyone to Take Action*. New York: Portfolio, 2010.

8. Goleman, D. Social Intelligence: The New Science of Human Relationships. New York: Bantam, 2006.

9. Fredrickson, B.L. Positivity: Groundbreaking Research Reveals How to Embrace the Hidden Strengths of Positive Emotions, Overcome Negativity, and Thrive. New York: Crown Publishers, 2009.

10. Bass, B.M. *Leadership and Performance Beyond Expectations*. New York: Free Press, 1985, p. 35.

11. Halpren, B.L., and Lubar, K. Leadership Presence: Dramatic

Techniques to Reach Out, Motivate, and Inspire. New York: Gotham Books, 2003.

12. Van Edwards, V. "5 Secrets of a Successful Ted Talk" Last modified December 6, 2017. https://www.huffpost.com/entry/5-secrets-of-a-successful_b_6887472.

13. Koppensteiner, M., Stephan, P., and Jaschke, J.P.M. "From Body Motion to Cheers: Speakers' Body Movements as Predictors of Applause," *Personality and Individual Differences,* 2015, 74, 182–185.

# 第4章

1. We are grateful to Steve Coats for sharing this example.

2. Crant, M.J., and Bateman, T.S. "Charismatic Leadership Viewed from Above: The Impact of Proactive Personality," *Journal of Organizational Behavior*, 2000, 21(1), 63–75.

3. Crant, M.J., and Bateman, T.S. "The Proactive Component of Organizational Behavior: Measures and Correlates," *Journal of Organizational Behavior*, 1993, 14, 103–118; Crant, J.M. "Proactive Behavior in Organizations," *Journal of Management,* 2000, 26(3), 435–463.

4. See, for example: Crant, J.M. "The Proactive Personality Scale and Objective Job Performance Among Real Estate Agents," *Journal of Applied Psychology*, 1995, 80(4), 532–537; Seibert, E., and Braimer, M.L. "What Do Proactive People Do? A Longitudinal Model Linking Proactive Personality and Career Success," *Personnel Psychology*, 2001, 54, 845–875; Thompson, J.A. "Proactive Personality and Job Performance: A Social Capital Perspective," *Journal of Applied Psychology,* 2005, 90(5), 1011–1017; Brown, D.J., Cober, R.T., Kane, K., Levy, P.E., and Shalhoop, J. "Proactive Personality and the Successful Job Search: A Field Investigation of College Graduates," *Journal of Applied Psychology,* 2006, 91(3), 717–726; Kim, T-Y, Hon, A.H.Y., and Crant, J.M. "Proactive Personality, Employee Creativity, and Newcomer Outcomes: A

Longitudinal Study," *Journal of Business and Psychology,* 2009, 24(1), 93–103; Li, N., Liang, J., and Crant, J.M. "The Role of Proactive Personality in Job Satisfaction and Organizational Citizenship Behavior: A Relational Perspective," *Journal of Applied Psychology,* 2010, 95(2), 395–404; Spitzmuller, M., Sin, H-P, Howe, M., and Fatimah, S. "Investigating the Uniqueness and Usefulness of Proactive Personality in Organizational Research: A Meta-Analytic Review," *Human Performance,* 2015, 28(4), 351–379.

5. Deci, E.L. *Intrinsic Motivation.* New York: Plenum Press, 1975; Pink, D.H. *Drive: The Surprising Truth About What Motivates Us.* New York: Riverhead Books, 2011.

6. Csikszentmihalyi, M. *Flow: The Psychology of Optimal Experience.* New York: Harper & Row, 1990.

7. Csikszentmihalyi, M. *Beyond Boredom and Anxiety: The Experience of Play in Work and Games.* San Francisco: Jossey-Bass, 1975, p. 30.

8. Wheatley, M. *Leadership and the New Science.* San Francisco: Berrett-Koehler, 1992.

9. Nicolini, D., Korica, M., and Ruddle, K. "Staying in the Know," *Sloan Management Review,* 2015, 56(4), 57–65.

10. See, for example: Katz, R. "The Influence of Group Longevity: High Performance Research Teams," *Wharton Magazine,* 1982, 6(3), 28–34; Katz, R., and Allen, T.J. "Investigating the Not Invented Here (NIH) Syndrome: A Look at the Performance, Tenure, and Communication Patterns of 50 R&D Project Groups." In Tushman, M.L., and Moore, W.L. (eds.), *Readings in the Management of Innovation* (2nd ed.). Cambridge: Ballinger Publishing Company, 1988, pp. 293–309; Tushman, M.L., and O'Reilly, C.A. *Winning Through Innovation: A Practical Guide to Leading Organizational Change and Renewal* (rev. ed.). Cambridge: Harvard Business Review Press, 2002.

11. Brooks, A. W., Gino, F., and Schweitzer, M.E. "Smart People Ask for (My) Advice: Seeking Advice Boosts Perceptions of Competence," *Management Science,* 2015, 61(6), 1421–1435.

12. Berns, G. *Iconoclast: A Neuroscientist Reveals How to Think Differently*. Cambridge, MA: Harvard Business School Press, 2008.

13. Christensen, C., Dyer, J., and Gregersen, H. "The Innovator's DNA," *Harvard Business Review,* 2009, 87(2), 60–67.

14. Sims, P. Little Bets: How Breakthrough Ideas Emerge from Small Discoveries. New York: Free Press, 2011, 141–152.

15. Fogg, B.J. Tiny Habits: The Small Changes That Change Everything. New York: Houghton Mifflin Harcourt, 2020; also see Clear, J. Atomic Habits: An Easy & Proven Way to Build Good Habits & Break Bad Ones. New York: Penguin Random House, 2018.

16. Thaler, R.H., and Sunstein, C.R. *Nudge: Improving Decisions About Health, Wealth, and Happiness*. New York: Penguin Books, 2009.

17. Edmondson, A.C. The Fearless Organization: Creating Psychological Safety in the Workplace for Learning, Innovation, and Growth. Hoboken, NJ: Wiley, 2019.

18. Rock, D. "Managing with the Brain in Mind," *Strategy + Business*. Last modified August 27, 2009. https://www.strategy-business.com/article/09306?gko=5df7f.

19. Kahnerman, D. *Thinking, Fast and Slow*. New York: Farrar, Strauss and Giroux, 2011.

20. Edmondson, Ibid.

21. Duhigg, C. "What Google Learned from Its Quest to Build the Perfect Team," *The New York Times Magazine*. Last modified February 25, 2016. https://www.nytimes.com/2016/02/28/magazine/what-google-learned-from-its-quest-to-build-the-perfect-team.html.

22. O.C. Tanner Institute. 2020 Global Culture Report. Salt Lake City, UT, p. 2.

23. Schein, E.H. *Humble Inquiry: The Gentle Art of Asking Instead of*

*Telling*. San Francisco, CA: Berrett-Koehler, 2013.

24. Edmonson, op. cit., p. 200.

25. Weick, K.E. "Small Wins: Redefining the Scale of Social Problems," *American Psychologist*, 1984, 39(1), 40–49.

26. Amabile, T.A., and Kramer, S.J. *The Progress Principle: Using Small Wins to Ignite Joy, Engagement, and Creativity at Work*. Boston: Harvard Business Review Press, 2011, p. 75.

27. Dahle, C. "Natural Leader," *Fast Company,* December 2000, 270–280; Schoemaker, P.J., and Cunther, R.E. "The Wisdom of Deliberate Mistakes," *Harvard Business Review*, June 2006, 108–115.

28. Eisenstadt, K.M., and Tabrizi, B.N. "Accelerating Adaptive Processes: Product Innovation in the Global Computer Industry," *Administrative Science Quarterly*, 1995, 40, 84–110; Williams, E., and Shaffer, A.R. "The Defense Innovation Initiative: The Importance of Capability Prototyping," *Joint Force Quarterly,* 2015, 2nd Quarter, 34–43.

29. Harford, T. Adapt: Why Success Always Starts with Failure. New York: Picador, 2012.

30. Schoemaker, P.J., and Cunther, R.E. "The Wisdom of Deliberate Mistakes," *Harvard Business Review*, June 2006, 108–115.

31. Bayles, D., and Orland, T. *Art and Fear: Observations on the Perils (and Rewards) of Artmaking*. Eugene, OR: Image Continuum Press, 2001.

32. Kouzes, J.M., and Posner, B.Z. The Truth About Leadership: The No-Fads, Heart-of-the-Matter Facts You Need to Know. San Francisco: Jossey-Bass, 2010, 119–135.

33. Dalton, M., Swigert, S., Van Velsor, E., Bunker, E., and Wachholz, J. *The Learning Tactics Inventory: Facilitator's Guide*. San Francisco: Jossey-Bass, 1999.

34. Dweck, C.S. *Mindset: The New Psychology of Success*. New York:

Random House, 2006.

35. Bandura, A., and Wood, R.E. "Effects of Perceived Controllability and Performance Standards on Self-Regulation of Complex Decision Making," *Journal of Personality and Social Psychology,* 1989, 56, 805–814. Also see: Dweck, C.S. *Mindset.* New York: Random House, 2006; Ericsson, A., and Pool, R. *Peak: Secrets from the New Science of Expertise.* New York: Houghton Mifflin Harcourt, 2016.

36. Kouzes, T.K., and Posner, B.Z. "Influence of Mindset on Leadership Behavior," *Leadership & Organization Development Journal,* 2019, 40(8), 829–844.

37. McKnight, K.A. The Resilience Way: Overcome the Unexpected and Build an Extraordinary Life . . . on Your Own Terms! Independently published, 2019.

38. Shatte, A., and Bruce, J. *The Science Behind Resilience: A Study of Psychometric Measures & Business Outcomes,* meQuilibrium, 2015. https://euev9yjpvg1o6bsamcfdw11x-wpengine.netdna-ssl.com/wpcontent/uploads/2016/01/The-Science-Behind-Resilience-12-22.pdf.

39. Duckworth, A.L., Peterson, C., Matthews, M.D., and Kelly, D.R. "Grit: Perseverance and Passion for Long-Term Goals," *Journal of Personality and Social Psychology,* 2007, 92(6), 1087–1101. Also see Duckworth, A.L. *Grit: The Power of Passion and Perseverance.* New York: Scribner, 2016.

40. Caza, A., and Posner, B.Z. "How and When Does Grit Influence Leaders' Behavior?" *Leadership & Organization Development Journal,* 2019, 40(1), 124–134; Caza, A., and Posner, B.Z. "An Exploratory Investigation into How Grit Influences the Leadership Practices of Sales Managers," *Journal of Selling*, 2019, 19(2), 36–45.

41. See Salvatore, S.R. "The Story of Hardiness: Twenty Years of Theorizing, Research, and Practice," *Consulting Psychology Journal: Practices and Research*, 2002, 54(3), 175–185. Also see: Maddi, S.R., and Kobasa, S.C. *The Hardy Executive: Health Under Stress.* Chicago: Dorsey Press, 1984;

Maddi, S.R., and Khoshaba, D.M. *Resilience at Work: How to Succeed No Matter What Life Throws at You*. New York: AMACOM, 2005.

42. For example, see Bartone, P.T. "Resilience Under Military Operational Stress: Can Leaders Influence Hardiness?" *Military Psychology*, 2006, 18, S141–S148; Bruce, R.A., and Sinclair, R.F. "Exploring the Psychological Hardiness of Entrepreneurs," *Frontiers of Entrepreneurship Research* 2009, 29(6), 5; Bartone, P.T. "Social and Organizational Influences on Psychological Hardiness: How Leaders Can Increase Stress Resilience," *Security Informatics*, 2012, 1, 1–10; Sandvik, A.M., Hansena, A.L., Hystada, S.W., Johnsena, B.H., and Barton, P.T. "Psychopathy, Anxiety, and Resiliency—Psychological Hardiness as a Mediator of the Psychopathy–Anxiety Relationship in a Prison Setting," *Personality and Individual Differences,* 2015, 72, 30–34.

43. Smith, E.S. "On Coronavirus Lockdown? Look for Meaning, Not Happiness," *New York Times*. Last modified April 7, 2020. https://nyti.ms/2wjAVddy.

44. We are grateful to Valarie Willis for sharing this example.

# 第 5 章

1. We are grateful to Valarie Willis for sharing this example.

2. Gurtman, M.B. "Trust, Distrust, and Interpersonal Problems: A Circumplex Analysis," *Journal of Personality and Social Psychology,* 1992, 62, 989–1002; Grace, G.D., and Schill, T. "Social Support and Coping Style Differences in Subjects High and Low in Interpersonal Trust," *Psychological Reports,* 1986, 59, 584–586.

3. Driscoll, J.W. "Trust and Participation in Organizational Decision Making as Predictors of Satisfaction," *Academy of Management Journal,* 1978, 21(1), 44–56.

4. Shockley-Zalabak, P.S., Morreale, S., and Hackman, M. *Building the High-Trust Organization: Strategies for Supporting Five Key Dimensions of*

*Trust*. San Francisco: Jossey-Bass, 2010.

5. Zenger, J., and Folkman, J. "What Great Listeners Actually Do," *Harvard Business Review*, July 14, 2016.

6. Ibid.

7. Poundstone, W. Prisoner's Dilemma: John Von Neumann, Game Theory, and the Puzzle of the Bomb. New York: Doubleday, 1992.

8. Axelrod, R. *The Evolution of Cooperation* (rev. ed.). New York: Basic Books, 2006.

9. Flynn, F.J. "How Much Should I Give and How Often? The Effects of Generosity and Frequency of Favor Exchange on Social Status and Productivity," *Academy of Management Journal*, 2003, 46(5), 539–553.

10. Cialdini, R.B. *Influence: Science and Practice* (4th ed.). Needham Heights, MA: Allyn and Bacon, 2001; Melamed, D., Simpson, B., and Abernathy, J. "The Robustness of Reciprocity: Experimental Evidence That Each Form of Reciprocity Is Robust in the Presence of Other Forms of Reciprocity," *Science Advances,* 2020, 6(23). eaba0504. DOI:10.1126/sciadv.aba0504.

11. Grant, A. Give and Take: Why Helping Others Drives Our Success. New York: Penguin Group, 2013.

12. Johnson, M.D., Hollenbeck, J.R., Humphrey, S.E., Ilgen, D.R., Jundt, D., and Meyer, C.J. "Cutthroat Cooperation: Asymmetrical Adaptation to Changes in Team Reward Structures," *Academy of Management Journal,* 2006, 49(1), 103–119.

13. See, for example: Baker, W. *Achieving Success Through Social Capital: Tapping the Hidden Resources in Your Personal and Business Networks*. San Francisco: Jossey-Bass, 2000; Powdthavve, N. "Putting a Price Tag on Friends, Relatives, and Neighbours: Using Surveys of Life Satisfaction to Value Social Relationships," *The Journal of Socio-Economics,* 2004, 37(4), 1459–1480.

14. Davidov, M., Zahn-Waxler, C., Roth-Hanania, R., and Knafo, A. "Concern for Others in the First Year of Life: Theory, Evidence, and Avenues for Research," *Child Development Perspectives*, 2013, 7(2), 126–131.

15. See, for example: Bohns, V.K., and Flynn, F.J. "'Why Didn't You Just Ask?' Understanding the Discomfort of Help-Seeking," *Journal of Experimental Social Psychology*, 2010, 46(2), 402–409; DePaulo, B.M., and Fisher, J.D. "The Costs of Asking for Help," *Basic and Applied Social Psychology*, 2010, 1(1), 23–35.

16. See, for example: Dutton, J.E. "Building High-Quality Connections." In Dutton, J.E., and Spreitzer, G. (eds.), *How to Be a Positive Leader: Small Actions, Big Impact*. San Francisco: Berrett-Koehler, 2014, pp. 11–21; Clausen, T., Christensen, K.B., and Nielsen, K. "Does Group-Level Commitment Predict Employee Well-Being?" *Journal of Occupational and Environmental Medicine*, 2015, 57(11), 1141–1146.

17. Spataro, J. "What Generation Z Wants from Leaders." Last modified August 14, 2019. Development Dimensions International, Inc. https://www.ddiworld.com/blog/what-generation-z-wants-from-leaders.

18. Baumeister, R.F., and Leary, M.R. "The Need to Belong: Desire for Interpersonal Attachments as a Fundamental Human Motivation," *Psychological Bulletin*, 1995, 117, 479–529.

19. Thackray, J. "Feedback for Real," *Gallup Management Journal,* Spring 2001, 1(1), 12–17; Gallup. *State of the Global Workplace*. New York: Gallup Press, 2017.

20. Williams, S.R., and Wilson, R.L. "Group Support Systems, Power, and Influence in an Organization—a Field Study," *Decision Sciences,* 1997, 28(4), 911–937; Azzarello, P. "Why Sharing Power at Work Is the Very Best Way to Build It, "*Fast Company*, January 18, 2013. https://www.fastcompany.com/3004867/why-sharing-power-work-very-best-way-build-it; Deci, E.L., Olafsen, A.H., and Ryan, R.M. "Self-Determination Theory in Work Organizations: The State of a Science," *Annual Review of Organizational Psychology and*

*Organization Behavior,* 1017, 4, 19–43. https://doi.org/10.1146/annurev-orgpsych-032516-113108.

21. Delgado, M.R. "Reward-Related Responses in the Human Striatum," *Annals of the New York Academy of Science,* 2007, 1104, 70–88; Fareri, D.S., Martin, L.N., and Delgado, M.R. "Reward-Related Processing in the Human Brain: Developmental Considerations," *Development & Psychopathology,* 2008, 20(4), 1191–1211; Delgado, M.R., Carson, M.M., and Phelps, E.A. "Regulating the Expectation of Reward," *Nature Neuroscience,* 2008, 11(8), 880–881.

22. Psychologists often refer to this as self-efficacy. See, for example, Bandura, A. *Self-Efficacy: The Exercise of Control.* New York: Freeman, 1997; Maddux, J.E. "Self-Efficacy: The Power of Believing You Can." In Lopez, S.J., and Snyder, C.R. (eds.), *The Oxford Handbook of Positive Psychology* (2nd ed.). New York: Oxford University Press, 2011, 335–344.

23. Wood, R., and Bandura, A. "Impact of Conceptions of Ability on Self-Regulatory Mechanisms and Complex Decision Making," *Journal of Personality and Social Psychology,* 1989, 56, 407–415.

24. Leone, P. "Take Your ROI to Level 6," *Training Industry Quarterly*, Spring 2008, 14–18. http://www.nxtbook.com/nxtbooks/trainingindustry/tiq_2008spring/.

25. Nawaz, S. "To Get Promoted, Get Feedback from Your Critics," *Harvard Business Review,* November 10, 2016. https://hbr.org/2016/11/to-get-promoted-get-feedback-from-your-critics?referral=00203&utm_source=newsletter_management_tip&utm_medium=email& utm_campaign=tip_date; Barrington, L. "Everyone Needs a Personal Board of Directors," *Forbes*. Last modified February 20, 2018. https://www.forbes.com/sites/ forbescoaches council/2018/02/20/everyone-needs-a-personal-board-of-directors/#4d39dd642bbc. Also see Kouzes, J.M., and Posner, B.Z. *Learning Leadership: The Five Fundamentals of Becoming an Exemplary Leader.* Hoboken, NJ: The Leadership Challenge—A Wiley Brand, 2016.

26. Gino, F. "Research: We Drop People Who Give Us Critical Feedback," *Harvard Business Review*. Last modified September 16, 2016. https://hbr.org/2016/09/research-we-drop-people-who-give-us-critical-feedback.

# 第 6 章

1. See: Martin, S., and Marks, J. *Messengers: Who We Listen To, Who We Don't, and Why*. New York: Hachette Book Group, 2008; Cuddy, A.J., Fiske, S.T., and Glick, P. "Warmth and Competence as Universal Dimensions of Social Perception: The Stereotype Content Model and the BIAS Map," *Advances in Experimental Social Psychology*, 2019, 40, 61–149.

2. Van Kleef, G.A., De Dreu, C.K., and Manstead, A.S. "An Interpersonal Approach to Emotion in Social Decision Making: The Emotions as Social Information Model," *Advances in Experimental Social Psychology*, 2010, 42, 45–96.

3. Smith, A.E., Jussim, L., Eccles, J., VanNoy, M., Madon, S., and Palumbo, P. "Self-Fulfilling Prophecies, Perceptual Biases, and Accuracy at the Individual and Group Levels," *Journal of Experimental Social Psychology,* 1998, 34(6), 530–561; Eden, D. "Leadership and Expectations: Pygmalion Effects and Other Self-Fulfilling Prophecies in Organizations," *The Leadership Quarterly,* 1992, 3(4), 271–305.

4. Blitzer, R.J., Petersen, C., and Rogers, L. "How to Build Self-Esteem," *Training and Development Journal,* February. 1993, p. 59.

5. Cameron, K.S. Positive Leadership: Strategies for Extraordinary Performance. San Francisco: Berrett-Koehler, 2008.

6. Cooperrider, D.L. "Positive Image, Positive Action: The Affirmative Basis of Organizing." In Srivastva, S., Cooperrider, D.L., and Associates (eds.), *Appreciative Management and Leadership: The Power of Positive Thought and Action in Organizations*. San Francisco: Jossey-Bass, 1990, p. 103.

7. Cooperrider, loc. cit., p. 114.

8. Shaiar, J. "The State of Employee Engagement in 2016," November 1, 2016, https://www.business2community.com/human-resources/state-employee-engagement-2016-01695227.

9. McCarty, P.A. "Effects of Feedback on the Self-Confidence of Men and Women," *Academy of Management Journal*, 1986, 29(4), 840–847.

10. Ross, J.A. "Does Friendships Improve Job Performance?" *Harvard Business Review*, March-April 1977, 8–9; Jehn, K.A., and Shah, P.P. "Interpersonal Relationships and Task Performance: An Examination of Mediating Processes in Friendship and Acquaintance Groups," *Journal of Personality and Social Psychology*, 1977, 72(4), 775–790; Francis, D.H., and Sandberg, W.R. "Friendship Within Entrepreneurial Teams and Its Association with Team and Venture Performance," *Entrepreneurship: Theory and Practice*, 2000, 25(2), 5–15.

11. Rath, T. *Vital Friends: The People You Can't Afford to Live Without*. New York: Gallup Press, 2006, p. 52. See also Rath, T., and Harter, J. *Well Being: The Five Essential Elements*. New York: Gallup Press, 2010, pp. 40–43, for an update on this research.

12. Rath, T. *Vital Friends*.

13. Gabriel, A.S., Koopman, J., Rosen, C.C., Arnold, J.D., and Hochwarter, W.A. "Are Coworkers Getting in the Act? An Examination of Emotion Regulation in Coworker Exchanges," *Journal of Applied Psychology*, 2019, 105(8).

14. Nelson, B. *1001 Ways to Reward Employees* (2nd ed.). New York: Workman, 2005.

15. Carucci, R. "What Not to Do When You're Trying to Motivate Your Team," *Harvard Business Review*. Last modified July 16, 2018. Accessed at https://hbr.org/2018/07/what-not-to-do-when-youre-trying-to-motivate-your-team.

16. Gibson, K.R., O'Leary, K., & Weintraub, J.R. "The Little Things That Make Employees Feel Appreciated," *Harvard Business Review*. Last modified January 23, 2020. Accessed at https://hbr.org/2020/01/the-little-things-that-make-employees-feel-appreciated.

17. Martin and Marks, op. cit, p. 166.

18. Emmons, R.A. Thanks! How Practicing Gratitude Makes You Happier. New York: Houghton Mifflin, 2008. Also see Lesowitz, N. Living Life as a Thank You: The Transformative Power of Daily Gratitude. New York: Metro Books, 2009.

19. Brooks, D. T*he Social Animal: The Hidden Sources of Love, Character, and Achievement*. New York: Random House, 2011.

20. Baker, W. *Achieving Success Through Social Capital: Tapping the Hidden Resources in Your Personal and Business Networks*. San Francisco: Jossey-Bass, 2000.

21. Geue, P.E. "Positive Practices in the Workplace: Impact on Team Climate, Work Engagement, and Task Performance," *The Journal of Applied Behavioral Science*, 2018, 54(3), 272–301.

22. Burkhart, B. "Getting New Employees Off to a Good Start," *New York Times*, March 13, 2013.

23. Parker, S. *The Village Effect: How Face-to-Face Contact Can Make Us Healthier and Happier*. New York: Penguin Random House, 2015.

24. Losada, M., and Heaphy, E. "The Role of Positivity and Connectivity in the Performance of Business Teams: A Nonlinear Dynamics Model," *American Behavioral Scientist,* 2004, 47(6), 740–765.

25. Berry, L.L., Parasuraman, A., and Zeithaml, V.A. "Improving Service Quality in America: Lessons Learned," *Academy of Management Executive,* 1994, 8(2), 32–45.

26. Stavrova, O., and Ehlebracht, D. "Cynical Beliefs About Human Nature and Income: Longitudinal and Cross-Cultural Analyses," *Journal of Personality*

*and Social Psychology,* 110(1), 116–132.

27. Holt-Lunstad, J., Smith, T.B., Baker, M., Harris, T., and Stephenson, D. "Loneliness and Social Isolation as Risk Factors for Mortality: A Meta-Analytic Review," *Perspectives on Psychological Science,* March 2015, 10(2), 227–237.

28. McDowell, T., Ehteshami, S., and Sandell, K. "Are You Having Fun Yet?" *Deloitte Review*, 2019, (24).

29. Choi, Y.G., and Kwon, J. "Effects of Attitudes vs. Experience of Workplace Fun on Employee Behaviors," *International Journal of Contemporary Hospitality Management,* 2013, 25(1), 410–427; Georganta, K., and Montgomery, A. "Exploring Fun as a Job Resource: The Enhancing and Protecting Role of a Key Modern Workplace Factor," *International Journal of Applied Positive Psychology*, 2016, 1, 107–131.

30. Ford, R.C., McLaughlin, F.S., and Newstrom, J.W. "Questions and Answers About Fun at Work," *Human Resource Planning,* 2003, 26(4), 22.

31. Achor, S. Happiness Advantage: The Seven Principles That Fuel Success and Performance at Work. New York: Crown Business, 2010.

32. Gostick, A., and Christopher, S. *The Levity Effect: Why It Pays to Lighten Up*. Hoboken, NJ: Wiley, 2008.

33. Provine, R. *Laughter: A Scientific Investigation*. New York: Penguin, 2001.

34. Martin and Marks, op. cit.

35. Klein, G. The Power of Intuition: How to Use Your Gut Feelings to Make Better Decisions at Work. New York: Crown Business, 2004; Klein, G. Streetlights and Shadows: Searching for the Keys to Adaptive Decision Making. Boston: MIT Press, 2009.

# 第 7 章

1. Kouzes, J.M., and Posner, B.Z. *LPI: Leadership Practices Inventory* (5th ed.). Hoboken, NJ: The Leadership Challenge–A Wiley Brand, 2017. https://www.leadershipchallenge.com/LeadershipChallenge/media/SiteFiles/resources/sample-reports/tlc-lpi-360-english-v5.pdf.

2. Kouzes, J.M., and Posner, B.Z. *Learning Leadership: The Five Fundamentals of Becoming an Exemplary Leader.* San Francisco: The Leadership Challenge—A Wiley Brand, 2016.

3. Kouzes, T.K., and Posner, B.Z. "Influence of Managers' Mindset on Leadership Behavior," *Leadership & Organization Development Journal*, 2019, 53(8), 829–844. https://doi.org/10.1108/LODJ-03-3019-0142.

4. Kolditz, T. "Why You Lead Determines How Well You Lead," *Harvard Business Review Blog.* Last modified July 22, 2014. https://hbr.org/2014/07/why-you-lead-determines-how-well-you-lead / Accessed on April 5, 2020.

5. Duckworth, A. *Grit: The Power of Passion and Perseverance.* New York: Scribner, 2016.

6. Dutton, J.E. "Build High Quality Connections." In Dutton, J.E., and Spreitzer, G. (eds.), *How to Be a Positive Leader: Small Actions, Big Impact.* San Francisco, CA: Berrett-Koehler, 2014, pp. 11–21.

7. Whittaker, J. *A Life on the Edge: Memoirs of Everest and Beyond* (anniv. ed.). Seattle, WA: The Mountaineers, 2013, p. 16.

8. Brown, L.M., and Posner, B.Z. "Exploring the Relationship Between Learning and Leadership," *Leadership & Organization Development Journal*, May 2001, 274–280.

9. Bersin, J. "New Research Shows 'Heavy Learners' More Confident,

Successful, and Happy at Work," LinkedIn. Last modified November 9, 2008. https://www.linkedin.com/pulse/want-happy-work-spend-time-learning-josh-bersin/Accessed April 5, 2020.

10. Csikszentmihalyi, M. *Flow: The Psychology of Optimal Experience.* New York: Harper & Row, 1990.

# 致　谢

关于领导力，一个不可否认的事实是，你不能独自成事。写作也是如此。创作一本书的最大乐趣之一是有机会与许多有才华、有奉献精神、能激发他人的人一起工作。我们对所有和我们一起踏上这段旅程的人深表感谢。

最重要的是，我们向这些年来遇到的成千上万名没有职务的领导者表达我们的感激和敬佩。你们激励了我们。你们就是一个个活生生的案例。每个人身上都具有领导力，每个人都会主动去做一些非凡的事情，付出艰苦的努力和奉献来创造不同，并保持开放的心态，从经历中学习成长。特别感谢所有允许我们分享故事和反思的领导者。你们的经历是本书的核心。

在此，对瓦莱丽·威利斯表示特别的感谢，她鼓励我们写一本书，关注那些不依靠职务或职位就能改变世界的了不起的人。没有瓦莱丽的推动，我们不太可能启动这个项目。

与我们合作超过 30 年的是才华横溢的编辑莱斯利·斯蒂芬。我们感谢她在整个项目中慷慨大方地运用了她非凡的才华。我们也要感谢出色的故事编辑娜娜·特乌马西，她帮助我们把原始素材变成精彩的文章。

我们要感谢我们在 John Wiley & Sons 的同事，他们一直都是我们的支持者和批评者。商务编辑 Jeanenne Ray 是本书的内部拥护者。她的指导使我们得以在过去的坚实基础上创作出一本新书，同时为这个时代创造了一本独特的、与众不同的新书。与 Jeanenne 一起加入本书的还有 Michael Friedberg，营销经理；萨利·贝克，行政支持；道恩·基尔戈尔，执行主编；Shannon Vargo，出版人；Rebecca Taff，编辑；Joanne Farness，校对；Jayalakshmi Et，内容专家。我们有幸与充满激情的专业团队一起工作，他们让我们的每一天都变得更好。

我们也要为 Marisa Kelley 鼓掌，我们与她就领越领导力品牌合作了 20 年。Marisa 致力于为我们的领导力课程提供最好的支持，并建立起教练和导师的社区，以支持全球的领越领导力的发展。她总是给每次努力带来希望。也要感谢 Workplace Learning Solutions 的 Susan Rachmeler、Mark sculard、Gabriel Sims、Alex andra Watson 和 Kelly Wittnebel，他们设计了一种新的学习体验，构建并丰富了新兴领导者的能力。

我们对我们至亲至爱的人的感激之情无以言表——对泰、尼克、杰姬、阿曼达和达瑞尔，以及罗莎莉和朱利安。他们给我们的生活带来了巨大的欢乐。

我们写本书，就像我们写每本书一样，是为了解放我们每个人内心的领导者，为世界增加领导者的数量。我们每个人都很重要。我们每个人都可以有所作为。真正的挑战是要确保世界因我们而不同，未来会变得更好。我们一定要活得精彩，并引领生活向前进！

# 关于作者

詹姆斯·库泽斯和巴里·波斯纳在一起工作了近40年，他们研究领导者、领导力，举办领导力发展研讨会，为各种有职务或没有职务的领导者提供领导力发展服务。他们合著了获奖畅销书《领导力》(*The Leadership Challenge*)。自1987年第一版出版以来，《领导力》已在全球售出超过280万册，并被翻译成22种语言。它赢得了无数奖项，包括美国书评编辑协会（the national book review editors）颁发的"评论家精选奖"（the Critics' Choice Award），以及美国医疗保健高管委员会（American Council of Healthcare Executives）和"快公司"（Fast Company）颁发的"年度最佳图书奖"（book of the year）。《领导力》被列为有史以来排名前100位的商业书籍之一，也是领导力方面的十大经典书籍之一。

詹姆斯和巴里合著了十多本获奖的领导力书籍，包括《高等教育中的领导力》《销售领导力》《学习领导力》《化逆境为机遇》《找到领导的勇气》《伟大的领导创造伟大的工作场所》《信誉》《领导力的真理》《激励人心》《留下你的印记》《澳大利亚和新西兰的非凡领导力》《领导力》（亚洲版）、《青少年领导力》。

詹姆斯和巴里开发了广泛使用且广受好评的领导者习惯行为量表（LPI），这是一份评估领导行为的360度问卷。全球已经有超过500万人完成了LPI测评。有800多篇博士论文和学术研究项目以卓越领导者的五种习惯行为框架为基础。有关他们的出版物和研究的更多信息，请访问www.leadershipchallenge.com。你也可以在他们的网站上注册以获得每个月的时事简报。

詹姆斯和巴里获得的荣誉和奖项包括美国人才与发展协会的最高奖项，以表彰他们对职场学习和绩效改进的杰出贡献；被国际管理理事会评为年度管理/领导力教育工作者；在《卓越领导力》杂志评选的100位思想领导者中，名列前20位；被 Coaching for Leadership 评为全美50佳领导力教练；被 HR 杂志评为最具影响力的全球思想家之一；并被 Inc 杂志评为全球75位管理大师之一。

詹姆斯和巴里经常做主题演讲，他们为数百家组织提供过领导力发展项目，包括 Apple, Applied Materials, ARCO, AT&T, Australia Institute of Management, Australia Post, Bank of America, Bose, Charles Schwab, Cisco Systems, Clorox, Community Leadership Association, Conference Board of Canada, Consumers Energy, Deloitte Touche, Dow Chemical, Egon Zehnder International, Federal Express, Genentech, Google, Gymboree, HP, IBM, Intel, Itau Unibanco, Jobs DR-Singapore, Johnson & Johnson, Kaiser Foundation Health Plans and Hospitals, L.L. Bean, Lawrence Livermore National Labs, Lucile Packard Children's Hospital, Merck, Motorola, NetApp, Northrop Grumman, Novartis, Oakwood Housing, Oracle, Petronas, Roche Bioscience, Siemens, 3M, Toyota, the U.S. Postal Service, United Way, USAA, Verizon, VISA, Westpac, and The Walt Disney Company。此外，他们还在100多个学院和大学举办过领导

力研讨会和讲座。

詹姆斯是莱斯大学（Rice University）多尔新领导者学院（Doerr Institute for New Leaders）的研究员、圣克拉拉大学（Santa Clara University）利维商学院（Leavey School of Business）院长领导力高级研究员。他在世界各地为企业、政府和非营利组织讲授领导力。他是一位备受推崇的领导力学者，一位经验丰富的高管，《华尔街日报》将他列为美国 12 位最佳高管教育家之一。詹姆斯曾获得教育系统协会颁发的思想领导力奖（这是培训和发展行业供应商行业协会颁发的最具声望的奖项），以及国际演讲协会颁发的最高荣誉"金槌奖"。

詹姆斯曾担任汤姆·彼得斯公司（Tom Peters Company）总裁、首席执行官和董事长 11 年，并领导圣克拉拉大学高管发展中心（Executive Development Center）7 年。他是圣何塞州立大学公共事业发展联合中心的创始人和执行董事，并在德州大学社会福利工作学院工作了 8 年。他在培训和发展领域的职业生涯始于 1969 年，当时他为社区行动署的工作人员和志愿者举办抗击贫困研讨会。他在密歇根州立大学获得政治学荣誉学士学位，成为美国和平部队（Peace Corps）的志愿者（1967—1969）。你可以通过 jim@kouzes.com 直接和詹姆斯联系。

巴里·波斯纳，圣克拉拉大学 Michael J. Accolti, S.J. 讲席教授，利维商学院领导学教授，管理与创业系主任。此前，他曾担任 6 年研究生教育副院长，6 年高管教育副院长，12 年院长。他曾担任香港科技大学、伊斯坦布尔萨班奇大学、西澳大利亚大学和奥克兰大学的客座教授。在圣克拉拉大学，他获得了校长杰出教师奖，学院杰出教师奖，以及其他一些杰出的教学和学术荣誉。巴里是一位国际知名的学者和教育家，他是 100 多篇研究和实践者相关文章的作者或合著者。他目前担任《领导与组织发展杂志》(*Leadership and Organizational Development Journal*)和《服务型领导力国际杂志》(*the International Journal of Servant-Leadership*)的编委会成员,并获得《管理探究杂志》(*Journal of Management Inquiry*)颁发的"杰出学者职业成就奖"(Outstanding Scholar Award for Career Achievement)。

巴里获得了加州大学圣巴巴拉分校的政治学荣誉学士学位,俄亥俄州立大学的公共管理硕士学位,以及马萨诸塞大学的组织行为和管理理论博士学位。他曾在全球范围内为许多公共和私营组织提供咨询和培训,他还在一些社区和专业组织的高层担任职务,目前是 **SVCreates** 的董事会成员。他曾任职于美国建筑师协会的董事会,**Santa Clara** 县的 **Big Brothers/Big Sisters**,非营利组织卓越中心,硅谷和蒙特雷湾的青年成就组织,圣何塞大剧院,**Sigma Phi Epsilon** 兄弟会,**Uplift** 家庭服务,还有几家初创公司。你可以通过 bposner@scu.edu 直接与巴里联系。

# 领越®领导力研修·领越 LPI®

领越®领导力研修，是作者在本书"卓越领导五种习惯行为®"（The Five Practices of Exemplary Leadership®）基础上，为希望由本书开始走上提升领导力之旅的人士所研发的进修课程。领越 LPI®（Leadership Practices Inventory）是作者发明的 360 度领导力测评工具。自 1985 年领越 LPI®第一次被使用以来，参与评测者超过 500 万人。通过领越 LPI®的测试，自评者能够清楚地了解自己领导力的短板和长板，并以此为起点，走上自我发现、自我行为修正的领导力提升之路。

"领越®领导力研修"项目创立 30 多年以来，参与者来自世界各地的政府、企业、营利和非营利组织、学校、个人，成为目前世界上声誉最高的提升领导力研修的课程之一。

Q：从哪开始"领越®领导力研修"？

A：从学习认识"卓越领导五种习惯行为®"开始。

Q：如何测量领导力水平？

A：通过领越 LPI®来测评领导力行为中的短板和长板。

Q：如何塑造卓越的领导者？

A：如果想成为卓越的领导者，必须要进行领越®领导力研修，并要结合领越 LPI®评测工具来进行，以确保自己从此走上正确而有意义的领导力自我发现与提升之旅。

Q：领越®领导力研修的目的和内容是什么？

A：参加研修者在开始研修前，首先进行 360 度领导力自评与他评，获得测评反馈报告。然后在认证导师的带领下，进行为期 2~3 天的研修，深入解读领越 LPI®反馈报告的内容，了解自己领导力的长板与短板，理解"卓越领导五种习惯行为®"，学习提升领导力的工具方式，明确自己今后持续提升领导力的方向与目标。

Q：参与研修之后下一步做什么？

A：参加研修者将研修中学习的工具方法应用到实际中，不断地实践、培养自己的领导力习惯行为，"走上成为卓越领导者的旅程"。

# 研修课程相关资料*

## 领越®领导力研修：学员手册（第5版）
## 领越®领导力研修：实践手册

本书是工作坊学员教材，是领越®领导力研修2~3天工作坊的组成部分，用于学员在工作坊中学习。"卓越领导五种习惯行为®"练习可以效仿的领导力具体行动，了解提升领导力的各种方法，以及如何将五种习惯行为应用到实际工作中的工具。

实践手册帮助领导者每天实践"卓越领导五种习惯行为®"，改善领导技能。作为领越®领导力研修的贯彻实践工具，实践手册用于指导研修者如何在今后的日常生活与工作中开展领导力实践活动。本手册还提供了工作日程表和实用表格来填写实践活动。

## 价值卡

这是在领越®领导力研修中使用的一个非常重要的工具，共有52张卡片，每张卡片有一个反映价值观的单词。本工具可帮助学员明确自己的价值观，指导自己的行动与价值观保持一致。

---

\* 研修课程相关资料专供参加研修的学员使用。授课导师均需获得领越®领导力导师认证。领越®、领越LPI、卓越领导五种习惯行为®于2012年12月完成商标注册手续，正式启用。

## 领越®领导力研修：学员手册（精要版）

领越®领导力研修工作坊的组成部分，用于 1~2 天的领越®领导力工作坊。"卓越领导五种习惯行为®"练习可以效仿的领导力具体行动，了解提升领导力的各种方法，以及如何将五种习惯行为应用到实际工作中的工具。

## 领越 LPI®

领越 LPI®是全球非常畅销的，也是很值得信赖的领导力评测工具。目前最新版本为第 5 版。该工具的发明者詹姆斯·库泽斯和巴里·波斯纳在领越 LPI®第 5 版中进一步完善了领越 LPI®的全面性和实用性，并明确指出，领导力是可以测量、可以学习、可以教授的一系列具体行为。因此，领越 LPI®这一 360 度领导力评测工具是组织和个人在当前多变的市场环境中培养"卓越领导五种习惯行为®"极为实用的测量其领导力的工具。

领越 LPI®在线中文版有 LPI® 360、LPI® 360⁺两种形式，供评测者选用。

## 领越®LPI 反馈报告

根据自我评测及观察者评测数据，以几十年收集的全球领导者测评数据库为支撑，通过作者开发的测评软件，生成反馈报告，使参与者了解自己领导力方面的短板和长板，找到提升个人领导能力的方向和目标。

## 领越 LPI®导师手册

该手册为执导领越 LPI®的导师提供了丰富的培训、教练工具和资源。包括卓有成效的体验活动、分别针对不同时长领越 LPI®反馈或教练工作坊的内容安排和具体指导、不同时长工作坊的授课 PPT 等。本手册可供领越 LPI®导师、领越®领导力授权导师使用，也可以供其他领导力教练、咨询师、培训师参考。从本手册中，你可以很方便地找到各种样本资料，还可以在本手册指导下，根据需要和具体情况，为你的工作坊学员及教练对象量身定制合适的学习提升计划和活动安排，帮助他们成为一名拥有"卓越领导五种习惯行为®"的领导者。

## 领越 LPI®：领导力提升规划

作为领越 LPI®以及领越®领导力研修工具的一部分，本书回顾了卓越领导五种习惯行为®，描述了学做领导的最佳实践，并提供了100多种成为更优秀的领导者的具体提升方法。它可帮助你找到较佳的领导力提升途径，指导你制定适合自己的个性化规划，让你成为优秀的领导者。

## 领越®领导力研修：导师手册

本手册包含了创建并指导卓有成效的领导力研修项目的所有资料，经过几十年时间检验及研发团队不断更新完善，能帮助您指导研修参与者挖掘自身领导力的潜能，改变自己的行为习惯，成为高效的领导者。

本套资料包括：⊙开展研修课程的详细教学说明 ⊙不同学时的研修活动安排 ⊙可在研修课程中进行的游戏活动介绍 ⊙一套学员手册 ⊙1个U盘，包括研修课程所需要的表格样本、课程PPT、视频等。

# 延伸阅读

## 领导力（第 6 版）

本书是领导力领域全球销量突破 250 多万册的经典权威著作，已被翻译成 20 余种语言。领导力是一种人与人之间的关系，领导力是带领大家迎接挑战走向卓越的能力。通过近 30 年的研究和对几千个领导者实践案例的分析，作者提炼出了卓越领导五种习惯行为和十大承诺，并给出了具体的行动指南。

## 学习领导力

领导力领域权威库泽斯和波斯纳在对全球 70 多个国家的数据和 30 多年研究的基础上，揭示了成为卓越领导者的五项基本原则——相信自己，追求卓越，挑战自我，寻求支持，刻意实践，并就如何增强和拓展领导能力提出了一系列方法。本书每章都讲述了一个成为卓越领导者的关键原则，提供了一种可操作的实践方法，通过这些易于理解与实践的自我教练行动，可以帮助你提升领导力软技能与硬技能，从而创造更大的成就。

## 激励人心——提升领导力的必要途径（典藏版）

20 年潜心研究的结果，数千个领导力案例的剖析，资深咨询顾问及世界级畅销书作家为我们深入浅出地阐述了领导力的核心是对人的关心和激励，是心与心的沟通与互动，同时也提供了 150 种激励方法。

## 信誉（第 2 版）

信誉是领导者赢得其追随者信任的一种个人品质。领导者有信誉是追随者愿意向其贡献自己的情感、才智、体力和忠诚的先决条件。要想吸引追随者对共同目标的投入，领导者就必须有信誉。全球著名的领导力领域权威在这本经典力作中，不仅阐述了信誉对领导者、事业成功的重要性，而且给出了增强领导者信誉的原则和修炼方法、可以采取的行动、领导者要想达到其追随者的期望所面临的挑战。最终你将明白，信誉是领导力的基石。

### 留下你的印记——体现领导力的最高境界（钻石版）

库泽斯和波斯纳以他们独特而富有挑战性的视角，剖析并告诉领导者如何在自己的领导生涯中留下极具影响力的印记，同时阐述了领导者追求留下持久印记的过程就是一个人从成功走向卓越的过程。

### 领导力的真理

作者基于30年的研究和在领导力测评中得到的100多万份问卷数据，总结出了10个领导力的真理，这10个领导力真理经过时间检验，在任何时代背景和环境下都适用，是领导力的核心所在。领导者掌握了这10条领导力真理，就可以以一种全新的视角，在瞬息万变和充满竞争的市场环境中，找到解决问题的根本，从容应对各种领导力难题，在组织内起到更高效和更有影响力的作用。

### 培养卓越领导者的教练指南（第2版）

成功、领导力与教练技术是紧密联系的：优秀的领导者指导人，优秀的教练领导人。本书为教练介绍了领越领导力模型、领越LPI®、"卓越领导五种习惯行为®"——以身作则、共启愿景、挑战现状、使众人行和激励人心，并提供了一张方便快捷的路线图，你可以利用这张图，将它们融入你的教练工具中去，从而：帮助领导者在"卓越领导五种习惯行为®"中培养关键技能，使高潜力领导者更高效，促使领导者在日常工作中践行"卓越领导五种习惯行为®"，帮助领导者适应新职位，定制课堂培训、在线或一对一教练过程，解决问题并帮助领导者寻找常见问题的解决方案。本书中，领导力专家詹姆斯·库泽斯、巴里·波斯纳和教练专家伊莱恩·碧柯展示了如何把畅销书《领导力》（*The Leadership Challenge*）中的经过实践检验的领导力开发原理融入教练实践或具体领导行为中，全面提升教练活动的效果。此外，本书还概述了优秀教练的能力，并列出了"教练六步骤"，有助于你利用"卓越领导五种习惯行为®"实现个人成长。

**如有关于领越®系列产品及课程相关咨询，请与我们联系：**

电话：86-10-88254180　　　　电子邮件：cv@phei.com.cn
www.century-vision.com　　　www.leadershipchallenge.com

# 反侵权盗版声明

电子工业出版社依法对本作品享有专有出版权。任何未经权利人书面许可，复制、销售或通过信息网络传播本作品的行为；歪曲、篡改、剽窃本作品的行为，均违反《中华人民共和国著作权法》，其行为人应承担相应的民事责任和行政责任，构成犯罪的，将被依法追究刑事责任。

为了维护市场秩序，保护权利人的合法权益，我社将依法查处和打击侵权盗版的单位和个人。欢迎社会各界人士积极举报侵权盗版行为，本社将奖励举报有功人员，并保证举报人的信息不被泄露。

举报电话：（010）88254396；（010）88258888
传　　真：（010）88254397
E-mail：　dbqq@phei.com.cn
通信地址：北京市万寿路 173 信箱
　　　　　电子工业出版社总编办公室
邮　　编：100036